体育教学方法及教学技能研究

徐龙彪　张　瑶　罗立影 ◎ 著

吉林出版集团股份有限公司

图书在版编目（CIP）数据

体育教学方法及教学技能研究 / 徐龙彪，张瑶，罗
立影著. -- 长春：吉林出版集团股份有限公司，2024.
7. -- ISBN 978-7-5731-5422-4

Ⅰ. G807.01

中国国家版本馆CIP数据核字第20245TE151号

体育教学方法及教学技能研究

TIYU JIAOXUE FANGFA JI JIAOXUE JINENG YANJIU

著　　者	徐龙彪　张　瑶　罗立影	
责任编辑	张继玲	
封面设计	林　吉	
开　　本	787mm×1092mm　　1/16	
字　　数	160 千	
印　　张	13.5	
版　　次	2024 年 7 月第 1 版	
印　　次	2024 年 7 月第 1 次印刷	
出版发行	吉林出版集团股份有限公司	
电　　话	总编办：010-63109269	
	发行部：010-63109269	
印　　刷	廊坊市广阳区九洲印刷厂	

ISBN 978-7-5731-5422-4　　　　　　　　　　　　定价：85.00 元

前　言

当前，我国的体育教育事业正蓬勃发展。体育教学方法改革是推动我国体育教育事业进步的重大举措，发挥着不可或缺的作用，有着重大的实践意义。体育教学方法是实现体育教学任务或目标的方式、途径、手段的总称。它主要包括在体育教学过程中运用的教学模式、教学技术、教学手段和指导学生学习体育理论知识、运动技术及培养其运动技能的方法。在长期的体育教学实践和研究过程中，我们初步形成了一个内容丰富、种类繁多的体育教学方法系统。针对目前存在的一系列问题，我们需要进行改革创新，以适应体育教育发展的需要。

教学技能是教师最基本的职业技能，是教师在职业生涯中直接表现出来的一系列教学行为。熟练掌握教学技能是一名教师必备的职业素养，提高自身的教学技能，既能获得良好的教学效果，也能促进教师的专业发展。目前，教师专业化和教师教育专业化已成为世界性潮流。当今世界，发达国家已将教师职业视为一种具有双专业性的特殊职业，教师不仅要具备所教学科的专业知识与技能，解决"教什么"的问题，同时，还要具备传递知识、技能的技巧，解决"如何教"的问题，如同医生、律师一样，教师必须进行严格的、持续不断的专业训练。

本书在撰写过程中，参阅了国内外许多学者的研究成果，在此向他们表示诚挚的谢意。

虽然本书的撰写经历了长时间的教学实践，数易其稿，但由于作者水平有限，疏漏及错误在所难免，因此恳切期望得到各位读者和同行的批评指正。

徐龙彪　张　瑶　罗立影

2024 年 5 月

目　录

第一章　体育教学方法

第一节　体育教学方法概述

体育教学方法在体育教学中占有十分重要的地位。它是沟通体育教师和学生的桥梁，是达到体育教学目标的手段。在体育教学过程中，体育教师完成各种体育教学任务和达到各种体育教学目标以及不断提高体育教学质量，关键就是教学方法，而选择与运用体育教学方法是体育教师能力的具体体现。教学方法因人而异，教师只有因材施教，讲究实用性、针对性、灵活性、科学性、系统性，才能收到良好的体育教学效果。体育教师面对不同的学生和繁杂的教学内容，要将各种体育知识、技术和技能有效地传授给学生，并将其转化为促进学生身心健康、增强学生体育意识、养成终身体育习惯、发展个性、健全人格的因素，这些都离不开有针对性、科学性、高效性的体育教学方法。为此，体育教师辩证认识与全面掌握体育教学方法及其理论至关重要，这是作为一名体育教师的基本素质之一，也是十分重要的体育教学能力之一。

我国政治、经济、科技、教育、文化一体化飞速发展，促进着体育教育改革的不断深化，体育教学方法更加丰富多彩，各种改革创新不断，呈现快速发展的势头。体育教学方法在体育教育改革不断深化发展中成为焦点。体育教学方法通过不断的改革与创新，有力地提高了学习质量。

体育教学方法是体育教学中最具"活性"的要素，体育教学方法繁多，有简单的，有复杂的，有容易掌握与运用的，也有要求较高而难以驾驭的，体育教学也是在不断改革与创新的发展变化中最终形成适合现代体育教学发展的、高效的体育教学方法。

方法的选择能决定体育教学的事半功倍或事倍功半。因此，研究体育教学方法极其重要，不仅能全面认识和掌握现有的各种体育教学方法，而且能针对各种体育教学内容进行体育教学方法的改革与创新。可以说，体育教学方法不仅多种多样，而且千变万化，其带来的教学效果也会各不相同。

体育教师要熟悉各种体育教学方法并得心应手地运用于教学实践，这基于体育教师全面、科学地掌握体育教学方法的教学功底、运用原则、运用规律、创新方法等能力，也基于体育教师教学方法的科学思维能力和教学方法研究能力及其创新能力。体育教师应具有较高的教育素质、理论水平及思维能力和研究能力。

体育教学方法的实践研究和理论研究要不断地顺应现代体育教学改革的深化发展，特别需要从体育教学方法理论角度进行深入、系统的认识和研究，认识体育教学方法的本质和运用规律，同时，需要努力开辟体育教学方法创新渠道，以探索出体育教学的新途径。

体育教学方法学不仅仅是注重实践性运用的一门学科，更是重视理论性研究及其建设与发展的一门新学科，只有通过理论与实践并重的建设，以理论引领实践、由实践上升至新理论，才能促进学科的不断发展。

一、体育教学方法的基本概念

概念是认识一切事物的根本，是思维的基本单元。体育教学方法研究只有把握好基本的概念，才能规范思维不出偏差。概念是在对研究客体做出一系列判断的基础上获得的关于客体的抽象的认识。判断并不能得出概念，只有将判断发展到能揭示研究客体的一般的和本质的属性时，才能形成概念。概念的形成表明人的认识已从感性认识上升到理性认识。它已经不是事物现象的各个方面和外部联系，而是事物的本质、整体及内部联系。概念越抽象就越能深刻地反映客观现实，概念最基本的特征是它的抽象性和概括性。概念有内涵和外延之分，内涵是指它反映的客观事物的本质属性，即概念的含义，它有深浅之分；外延是指概念反映对象的总和，即概念的适用范围，它有大小之分。概念并非一成不变，而是随社会的不断进步、发展而不断深化的，概念的内涵和外延也会随之发展、变化并丰富。因此，要认识体育教学方法，首先应从概念入手，只有了解体育教学方法的本质，才能很好地研究体育教学方法。体育教学方法研究从某种程度上是对各种概念的研究及概念深化的研究，或者是对体育教学方法内涵和外延的研究。

（一）体育教学方法的定义

在论述体育教学方法定义之前，首先要了解方法的基本概念。

1. 方法。方法通常是指为达到某种目的而采取的途径、步骤、手段等。从哲学角度论，方法是指研究自然界、社会现象和精神现象的方式、手段。方法是在任何一个领域中的行为方式，是用来达到某种目的的手段的总和。它是人们认识、改造世界应用的方式和手段。哲学家黑格尔在《逻辑学》中有这样一段话："在探索的认识中，方法也就是工具，是主观方面的某个手段，主观方面通过这个手段和客体发生关系……"学者孙小礼认为，方法不是孤立存在的：①方法与任务是联系在一起的。不同的任务，不同的目的，就有不同的方法。②方法与理论是联系在一起的。方法不但与要解决任务的各种具体对象的理论相关，而且同与之有直接或间接联系的各种理论知识相关，还同人们的世界观、哲学观点相关。从一定意义上说，方法是人们已有的理论、思想的一种特殊的具体化。③方法与实践是联系在一起的。方法可以看成在一定理论指导下的一种特殊的实践活动，而且是极富创造性的实践活动。① 人们认识和改造世界，必然要进行一系列的思维和实践活动，这项活动采用的各种方式，统称为方法。方法是非常重要的，只有掌握了正确的科学研究方法，无论是对科学本身的发展，还是对研究人员才能的发挥以及知识的有效组合，把握研究方向，取得最优的科研成果，都有着积极的作用。马克思主义哲学认为，科学的方法应与现实本身的客观规律相一致。只有通

---

① 孙小礼. 数学、科学、哲学 [M]. 北京：光明日报出版社，1988.03.

晓一般规律，才能正确地对待自然界和社会现象，才能正确地研究它们的方法，马克思主义辩证方法是从人类的科学实践中总结和概括出来的正确的哲学方法。它不仅适用于自然科学、社会科学和思维科学，而且对它们都起着指导作用。随着科学的迅猛发展，方法将越来越凸显它在科学认识和逻辑思维中的重要作用及其实践中解决问题的核心位置。为此，充分认识方法的本质是至关重要的。

2. 方法的重要性。"工欲善其事，必先利其器"，方法是解决问题的工具，没有工具任何问题都难以解决。针对不同的问题需要使用不同的工具。方法是顺利解决问题的关键，关系到"事半功倍"或"事倍功半"。钱学森说："方法是根据问题的需要来选择的。"掌握正确、先进、科学的方法极其重要，只有运用正确的方法才能得到正确的结果，运用先进而科学的方法能加速研究过程，得出精确的结果，反之，则会出现错误的结果，浪费时间与精力，甚至一无所成，物理学研究的"永动机"就是一个很好的例子。俄国生理学家巴甫洛夫说："科学是随着研究方法所获得的成就前进的。"说明选择科学方法是科学研究及其发展的直接决定性因素。法国哲学家笛卡尔说："我可以毫不踌躇地说，我觉得我很幸运，从青年时代，就发现了某些途径，引导我作一些思考，获得一些公理，我用这些思考和公理形成了一种方法，凭借这一方法，我觉得自己有了依靠，可以逐步增进我的知识，并且一点一点把它提高到我平庸的才智和短促的生命所能容许达到的最高度。"[1] 被马

---

① 尚新建. 笛卡尔传 [M]. 石家庄：河北人民出版社，2023.08.

克思誉为现代实践科学始祖的英国哲学家弗兰西斯·培根说："我们不仅要谋求并占有更大数量的实验，还要谋求并占有一种与迄今所行的实验不同种类的实验；还必须倡导一种不同的，足以促进和提高经验的方法、秩序和过程。因为当经验循着自己的轨辙漫行时，正如前面所说，只是淆惑人而不足以教导人。但是一旦它能照着确定的法则，守着规则的秩序，并且中途不遭阻挠而向前行进时，那么知识方面许多好的事物是大有希望的。……而一个安排妥当的方法就是能够从一条无阻断的路途通过经验的丛林达到原理的旷地。"① 法国生物学家伯纳德说："良好的方法能使我们更好地发挥运用天赋的才能，而拙劣的方法则可能影响着才能的发挥。"② 因此，讲究方法是非常重要的，好的方法往往能起到事半功倍的作用，可见方法的重要性。

3. 方法的不同层次。根据人的认识水平及认识角度的不同，可按不同的标准把方法划分为不同层次或不同类型。从哲学的角度论，可以将方法划分为三个层次：

（1）高层次方法：高层次方法是哲学方法，它不仅适用于整个自然科学领域，也适用于整个社会科学领域，是具有最普遍意义的方法。可以说，哲学方法是对各个学科领域具有普适性运用的高级方法。哲学方法也可以称为通用性方法，它能运用于各个学科领域。一切科学最普遍运用的是哲学方法。

---

① （英）弗兰西斯·培根．培根随笔 [M]．李秀云，译．上海：上海译文出版社，2022.02.

② 伯纳德·普拉斯．旧物新生 [J].FA 财富堂，2019(第 5 期).

（2）中层次方法：中层次方法是指自然科学，或人文科学、社会科学及综合科学中普遍适用的一般方法。它不仅为解决某个学科中的问题被，也是为了解决整个自然科学或人文科学、社会科学及综合科学中带有共同性的问题。可以说，一般方法是对一般学科具有普遍性的方法。

（3）低层次方法：低层次方法是各专门学科中具体运用的特殊方法。是各专门学科中的专门性方法，是具有很大局限性的方法。它是某一学科中运用的特殊方法。

从方法角度论，其核心是科学思维，一切方法都源于思维。从思维学方面论，可将思维方法分为逻辑思维方法和非逻辑思维方法。逻辑思维方法，如比较、分类、归纳、演绎、分析、综合等。非逻辑思维方法，如形象思维、联想思维、灵感思维、直觉思维等。在实际的认识领域中，人们既要运用逻辑思维的方法，又要运用非逻辑思维的方法。

总之，方法起源于实践活动，人们为完成实践中的任务形成了方法。实践目的的不同导致了方法的不同，随着实践活动的深入，方法也将变更自己的形式。

4.方法论。方法论是指人们认识世界、改造世界的一般方法，是人们用什么样的方式、方法来观察事物和处理问题。哲学的方法论是指关于认识世界和改造世界的方法的学说和理论。也可以认为，人们对世界的基本观点和总的看法就是世界观，而以这种观点作指导，反过来再研究和解决世界观上的问题，就是方法论。一般来说，有什么样的世界观就有什么样的方法论，既没有离开世界观的单独方法论，也没有不是方法论的单独的世界观。把方法论看作是纯粹主观的东西，或者把方法论同世界观分割开来是唯心主义或形而上学的表现。唯心主义世界观是从某种精神的层面出发。辩证法的世界观要求从事物的普遍联系和永恒运动中分析事物自身的矛盾和解决这些矛盾。形而上学的世界观则使人们孤立地、静止地、片面地考察事物。具体地讲，方法有各种各样，方法论在不同的层次上可分为哲学方法论、一般科学方法论、具体科学方法论。一般科学方法论是指关于科学的一般研究方法以及科学研究中各种方法的相互关系等问题。各门科学都有自身的方法，有些方法是合理的，有些方法是不合理的，关键是人们应该如何恰当地运用不同的方法，把握方法本身的结构、特点和功能等。这就需要研究方法论。

5. 体育教学法。体育教学法是指体育教师与学生为达到体育教学目标开展的各种体育教学活动的一切方法的总和。包括体育教师的教授法、学生的学习法及其与体育教材的关系等，是体育教师教与学生学的相互协同以完成体育教学任务，达到体育教学目标的各种方式方法。这是体育教法和学法的辩证统一，也是体育教学的教法与学法的互动、协调与和谐相融的关系。总之，体育教学法是在体育教学思想的指导下，为实现体育教学目标的体育教学方式方法及组织形式的总和，是在特定体育教学的指导下，为实现体育教学目标展开的一系列体育教学活动方式方法的体系。因此，体育教师要很好地完成体育教学目标，必须对体育教学法进行深入研究。

6. 解读体育教学方法。体育教学方法是指为达到体育教学目标采用的方式、手段或途径。也就是体育教师和学生为了完成一定的体育教学任务采用的教与学的方式和手段的总称。它既包括体育教师教授的各种方法，也包括学生学习的各种方法，是指在体育教师的组织与控制下，体育教师运用体育知识、技术和技能等促使学生学习掌握和锻炼的过程，达到促成学生体格健壮、心理健康的体育教学目的的方法。就其目的而言，体育教学方法是通过体育教学任务的完成，使学生掌握体育知识、技术和技能，促进其身心健康发展、智力发展，并形成一定的世界观、道德观和价值观，从而达到培养合格人才的目的的方法。就其手段而言，其基本手段是体育知识、技术和技能。体育教学是运用知识、技术和技能使学生学习与掌握知识，并在向学生传授知识的同时，促进学生身心的全面发展。就体育教学方法的运用而言，它作用的对象是学生，是促进学生全面发展的方法。体育教学方法的使用者包括体育教师和学生，因而体育教学活动是师生双向的活动，是互相配合的和谐运动，体育教师和学生都是体育教学活动的主体，体育教师是指导作用的主体，学生是参与体育活动的主体，师生都是体育教学方法的使用者和控制者及获益者，都有能动作用，只是体育教师在运用体育教学方法的活动中起主导作用，而学生掌握学习方法是通过配合体育教师教的活动，以学习的方式来体现主体的作用。

体育教学过程是一个动态的渐进的发展过程，体育教学中的各个要素也在不断地发生变化，因此体育教学方法是动态的、可变的、发展的，而不是一成不变的、僵化的。

7.探究体育教学的方式。体育教学方式实际是指体育教学方法的活动细节或形式等。体育教学方法是由许多体育教学方式组成的。体育教学方法的运用要讲究教学方式，如采用同样一种体育教学方法，不同体育教师会有不同的体育教学方式；同一种体育教学方式可被用于不同的体育教学方法之中，不同的体育教学方式也可包含于同一体育教学方法之中。体育教学方式的无穷变化，能彰显出体育教师教学方法独特的风格和教学艺术。因此，体育教学方法和方式的研究是十分重要的。

8.体育教学方法与手段的区别。体育教学方法是指达到体育教学目的采用的方式、手段或途径，是指体育教师和学生为了完成一定的体育教学任务采用的教和学的方式和手段的总称。这是通常对体育教学方法的解释。然而，体育教学方法学应与体育教学手段区分开来。方法是直接针对目的任务的，而手段是间接的。方法与手段不是一成不变的，是随任务的变换而变化的。由此得出的规律是：体育教学任务—体育教学方法—体育教学手段。严格地说，体育教学方法是直接为体育教学任务服务的，而体育教学手段是直接为教学方法服务的。这两者应该有所区别，才能有利于体育教师对体育教学方法与手段的研究。

9.体育教学方法的重要性。当体育教学目标任务或目的任务确定之后，能否达到规定的目标或预想的结果，体育教学方法就成了决定因素。讲究体育教学方法是十分重要的，体育教学方法对体育教学任务的完成起着关键作用。体育教师采用的教学方法正确、切合实际、科学性强，就能起到事半功倍的效果。反之，则会事倍功半。俄国生理学家巴甫洛夫说："初期研究的障碍在于缺乏研究法，无怪乎人们常说，科学是随着研究法所获得的成就而前进的。研究法每前进一步，我们就提高一步，就会看到一个充满新鲜事物的更辽阔的远景。因此我们头等重要的任务乃是制定研究方法。"① 体育教学方法在教学过程中的重要性表现如下：

（1）首位性：体育教学方法在体育教学过程中是第一位的，体育教学任务确定之后，教学方法就成了关键要素。为确保体育教学任务的完成，关键在于教学方法是否具有针对性、科学性和优化性等。

（2）互动性：在体育教学过程中，体育教师与学生的一切活动都是按照教学方法进行的，教学方法是促进体育教师与学生互动的依据与内在动力，方法与活动相互促进、携手并进。

（3）彰显性：体育教学方法在体育教学过程中彰显出体育教师教学的主导作用，而学生主动学习的主体作用，则体现了体育教学方法与教学过程的相得益彰。

（4）效益性：体育教学方法在体育教学过程中的教学效益是显而易见的，运用科学有效的、符合实际的体育教学方法是完成既定教学目标所要求的。可以说，体育教学方法是追求教学效果的根本。

（二）构成体育教学方法系统的主要因素

体育教学内容重在体育运动技术的教学，技术性教学方法很多。有难有

---

① 王静. 巴甫洛夫 [M]. 沈阳：东北大学出版社，2012.

易、有简有繁，因此，体育教学方法也多种多样，并自成体系。

主要的体育教学方法有：语言讲解法，动作示范法，多媒体、教具法，技术性动作的专门教学法，模仿性练习法，帮助与保护法，信息反馈法。

1.语言讲解法。是构成体育教学方法系统的主要因素，体育教师通过语言讲解体育教学内容、技术动作做法或技术要领及技术难点、关键点等，这种语言提示是构成体育教学方法系统的基本要素之一。体育教师运用语言讲解法应做到准确、简练、易懂，并富有激情和感染力，而且要控制好节奏，注意语言的抑扬顿挫和吸引力。特别是对技术动作的讲解，应根据学生学习的不同阶段进行有针对性的、精练的讲解，并应根据动作技能的不同阶段特点及学习要求，有侧重地进行讲解及进行专门性的提示，才能使讲解及提示具有实用性、针对性、精练性，才能使学生明白易懂、明确学习任务、清楚体育技术动作的概念及做法，从而有效地促进学生的学习。

体育教师教学语言的运用能力是十分重要的，主要表现在语言运用是否准确、恰当、精练且切合学生学习的实际情况等，是直接影响体育教学效果及其质量的重要因素。为此，体育教师应努力提高体育教学语言讲解的能力。

2.动作示范法。构成体育教学方法系统的要素之一是动作示范法。体育教师的动作示范是言传身教的重要方面，身教是体育教师教学的特色，也可以说是体育教学的重要特征。体育教师准确、漂亮、优美的动作示范能很好地帮助学生建立正确与清晰的技术动作的概念，能提升学生学习的兴趣，使其产生跃跃欲试的心理，为学生以后的学习打下良好的基础。

体育教师的动作示范应根据体育教学对象的实际水平和动作技能形成的不同阶段的教学要求有侧重地进行，使动作示范符合体育课堂教学目标，更好地为体育教学服务。简言之，体育教师的动作示范应根据不同阶段的教学要求、教学对象的实际能力和课堂教学目标进行。如在动作技能形成的泛化阶段可降低动作示范标准（示范标准下限），把低难度的技术动作展现给学生，以便学生学习与掌握；进入动作技能形成的分化阶段就应该进行教学标准化动作示范（正常标准），使学生认识到自己的动作与体育教师的标准化示范动作有一定的距离，需要进一步努力改进与提高；当进入动作技能形成的巩固阶段时，体育教师应进行高标准动作示范（超标准示范），从而不断引领学生向高标准、高质量方向发展，特别对于接受能力强的学生，体育教师的超标准动作示范更能不断激发他们的学习热情和自信心，可以有效提升他们的体育运动技术水平。

同时，体育教师应认识到，在体育技术动作教学过程中的各种体育教学内容，实际上都是简单易学的技术性系列动作，都具有一定的技术要领、规格和教学要求，这时同样要重视并需要进行标准化的示范及讲解，示范的标准与否同样直接影响到学生学习效果的好坏。

3.多媒体、教具法。构成体育教学方法系统的要素之一是多媒体、教具法。随着体育教学现代化进程的加快，现代化教学方法及手段日益丰富，多媒体教学方法已融入日常的体育教学之中。体育教师可利用多媒体及幻灯片、图片、活动模型教具等进行教学，还可通过制作课件，利用多媒体等进行电化教学，做到静态与动态相结合，慢速与快速相呼应，放大与缩小相维系，展现生动活泼、丰富多彩的体育画面，调动学生的学习情绪。体育教学的活动场所相对灵活，且没有固定的场所，有时可选择简单又便于携带的体育教具如图片、活动模型等进行教学。总之，体育教学应视环境与条件而定，可灵活掌握，因地制宜。

4.技术性动作的专门教学方法。体育教学是向学生传授体育知识、体育技术和体育技能等的教学活动，其大部分内容是示范体育技术性动作。体育技术性动作非常多，有难有易、有简有繁，各种动作又各自有一套符合自身技术特点的专门性教学方法（对学生而言是一套专门性学习方法）。此外，这些动作有自身的运动规律，有简单类技术动作，有一般类技术动作，有难度类技术动作，还有高难度类的技术动作，这就决定了技术性动作教学方法的差异性、专门性、复杂性和难度性，对体育教师掌握体育教学方法的要求就很高，也最能显示体育教师教学能力的强弱。作为一名体育教师，必须努力提高教学能力，熟练掌握和运用各种技术性动作的教学方法，才能胜任体育教学，提高体育教学质量。

5.模仿性练习法。构成体育教学方法系统的主要因素之一是学生模仿各种动作的练习。在体育教学过程中，学生学习与掌握体育运动（动作）技术，总是从模仿练习（学习）开始的。体育教师需设计体育教学的方法及步骤，编排简单易学的技术性系列动作，让学生分步模仿练习（学习）以便掌握基本动作，模仿性练习（学习）是学生掌握体育运动技术和技能的桥梁。可以说，学生的体育动作学习从模仿开始，至模仿结束。学生体育动作的模仿能力越强，掌握动作的要领也越快。体育教师的示范动作永远是学生学习模仿的对象或目标，学生能达到体育教师的示范动作水平，并最终超越体育教师，正可谓"青出于蓝胜于蓝"。为此，体育教师在教学中应努力提高学生模仿练习（学习）的能力，不断提高他们的运动技术水平，培养他们良好的身心素质及终身体育运动的能力。

6.帮助与保护法。在构成体育教学方法系统的要素中，有些体育运动项目的技术动作往往需要用到帮助与保护法。某些运动项目或许多技术动作的学习需要在器械上进行，学生身体的重心远离地面，容易失手或滑落下来造成伤害，这需要采用帮助与保护法，即通过体育教师或学生同伴的帮助与保护，使学生很好地模仿各种动作，学会与掌握体育运动技术（动作）。教育教学要给学生足够的安全感，有效地避免运动损伤。

帮助与保护是体育教学中一种独特的教学方法，如体操、啦啦操（技巧类）、健美操等都需要保护法。通过帮助与保护，能有效地帮助学生尽快学会和掌握教学内容，同时，能使学生处于安全状态，大胆地学习或练习教学内容，达到教学目标。因此，教师需要正确认识帮助与保护法，掌握方法，熟练运用，才能避免伤害事故的发生，顺利地进行体育教学。

从体育技术动作教学规律和帮助与保护方法两者的内在逻辑辨析，在体育技术动作教学初期（动作技能形成的泛化阶段）首先应运用"帮助"法，"帮助"起到了非常重要的教学作用。而到了体育技术动作教学中后期（动作技能分化和巩固阶段），则应由"帮助"到"保护"直至"脱保"，从帮助与保护的关系论，"帮助"之中蕴含着"可靠的保护"，尽管"保护"也意味着"帮助"，但这种"帮助"可能只是对学生的心理起到某种"安慰"或"壮胆"的作用，并非直接性帮助。从体育技术动作教学规律论，运用帮助与保护的方法，一般应先"帮助"后"保护"，而非先"保护"后"帮助"。为此，应该纠正以往习惯性的"保护与帮助"，改之为"帮助与保护"，使之更符合逻辑。

帮助与保护法可分为两种：一种是他人的完整性帮助与保护；另一种是他人的局部性帮助与保护。

他人的完整性帮助与保护法是指帮助与保护者从学生做动作开始到动作结束的整个过程始终给予帮助与保护。在这种完整性帮助与保护方法之下，学生的体育学习或练习过程始终是在绝对安全下进行的，它适用于学生初学体育动作阶段，有时也用于改进体育动作阶段。然而，在实际操作过程中，这两种方法往往成为密不可分且合二为一的方法。学生初学动作过程中，特别是在体操器械上做动作时，是以他人帮助为主，而在学生做体操动作的整个过程并非始终处于帮助之中，而是有时是帮助，有时是保护，或两种方法交替混合运用，教师需视学生做动作的能力有的放矢地给予帮助与保护，总之，帮助与保护法往往是密不可分并相辅相成的教学方法。

他人的局部性帮助与保护法是指帮助与保护者在学生学习过程中对某一技术环节或某个局部给予一定的帮助与保护，使学生带着安全感顺利地进行学习。它适用于学生在改进、提高动作的阶段。初学阶段有些动作无法采用他人完整性的帮助与保护，只能采用局部性帮助与保护，或有的动作不需要帮助与保护，只是局部需要帮助与保护。如山羊分腿腾越，学生在过山羊的一瞬间要给予帮助与保护。

从中学体操教学调查中发现，有些体育教师缺乏对帮助与保护方法的全面认识和正确的掌握与运用，在学生初学体操技术动作阶段，本应该采用完整性帮助与保护法，却采用了局部性帮助与保护法或操作手法不当等，致使在帮助与保护中顾此失彼，影响学生正常的学习和操练，甚至有时会造成不该有的伤害事故，影响了体操教学的正常进行。在体操教学中，教师始终要以安全性教学为指导思想，从安全性原则出发，全面考虑体操教学中的安全防范措施，除了检查体操器械、场地布置，还要研究帮助与保护法，选择好帮助与保护的方法，熟练操作技能，全面掌握帮助与保护法。同时，必须深入钻研体操的每个技术动作，认识每个体操动作的内在运动规律、各环节技术，衔接技术和关键技术等各要素及其相互关系等，特别需要辨别哪些环节技术学生最易犯错误或出现危险，帮助学生选好正确站位、把握帮助与保护的时机，这样才能熟稔于心、充分准备、准确操作、全面防范，也才能根据体操动作教学的不同阶段、学生学习的不同情况辩证应用，顺利地进行体操教学。当然，在体育教学的同时，要努力培养学生的自我保护能力，使体育学习更具安全性，体育教学氛围更加和谐。

7. 信息反馈法。构成体育教学方法系统的要素之一是信息反馈法。在体育教学过程中，师生之间的互动、体育教学的进展或体育教学目标的达到等都要通过师生之间信息反馈的不断推进。信息反馈是构成体育教师与学生教与学的桥梁与纽带，体育教师通过身体语言和口头语言等将体育教学信息传递给学生，而学生则按照接收到的教学信息要求进行学习，体育教师从学生学习过程中获得信息反馈，并及时进行分辨、评估、决策，再将信息反馈给学生以便纠正错误或强化动作要领等，进而推进体育学习进程。这样不断进行的信息传递与信息反馈的过程将体育教学推向新的高潮，由此促进体育教学质量及管理质量的螺旋式上升。

在体育教学过程中，信息反馈的正确性、合理性和科学性对体育教学效果起着极其重要的作用。体育教师通过身体语言和口头语言引导学生进行各种学习或练习，学生将学习或练习过程中的各种信息或疑问反馈给体育教师，体育教师再根据学生的反馈进行分析诊断，并提出正确性、合理性和科学性的学习策略和改进意见等，从而使学生在这样的循环中受益和进步。因此，体育教师需要重视与研究信息反馈法。

二、体育教学方法的沿革

我国学校体育教学方法是新中国成立初期开始形成的，当时，苏联大量的体育教材及教学方法传入我国，并在我国学校体育中占据了主导地位，特别是凯洛夫的教育思想和理念及其教育理论体系等。凯洛夫的《教育学》提出了 5 条指导教学工作的原则，即直观性原则、自觉性与积极性原则、巩固性原则、系统性与连贯性原则、通俗性与可接受性原则。[①] 主要是为了使学生通过老师的讲授和教材学习，牢固地掌握系统知识、技能与技巧，以便为进一步学习打下坚实的基础。凯洛夫的五大教育原则在体育教材中同样得到应用。当时的体育教学方法主要为讲解法、示范法、分解教学法、完整教学法、纠正错误法等，对学生学习体育知识、体育技术和体育技能起到了一定的促进作用。

20 世纪 70 年代，为增强学生体质，学校体育加大体育课练习的密度和运动负荷，出现了循环练习法，它曾风靡一时。不得不承认循环练习法确实提高了体育课的练习密度并增加了运动负荷，也有助于增强学生的体质。但是，许多体育教师对循环练习法理论缺乏深入的研究，没有理性的认识，不能认识循环练习法的本质，也不能一分为二地分辨其功能，因而，至今没有形成一整套循环练习法的理论，致使风靡一时的循环练习法未能传承下来。从辩证法论，任何一种体育教学方法都具有不同的体育教学特点、功能和价值，同时也存在局限性，只有适宜这一体育教学方法的体育教学内容和体育教学环境时才能彰显出其体育教学效果，否则，就难以达到预期的体育教学目标。当时将循环练习法推崇至"万能之法"的地位缺乏辩证思维和体育教学方法理论的支撑，造成体育教学方法领域教学思想的混乱。事实上，世界上并没有万能的体育教学方法。

改革开放以来，国外许多先进的思想、科学技术和方法传入我国，对促

---

① 李润洲 . 凯洛夫《教育学》文本阐释的背后 [J]. 上海教育科研,2010(第 3 期): 24-27.

进我国的现代化建设起到了的积极作用。体育教学界也同样如此，随着国外各种教育思想和教学方法的传入，国内体育工作者在改革开放路线的指引下，思想高度解放，不仅能及时吸收各种先进的体育教学思想和体育教学方法，而且，还能引进国外教育学、心理学的先进教学经验等，并结合体育教学实际进行传承与创新。20世纪80年代推行的"三论"（信息论、控制论和系统论）在体育教学中得到了广泛运用，并形成以下体育教学方法：体育程序教学法、体育控制教学法、体育反馈教学法；从教育学、心理学等学科方面引入的情境教学法、表象教学法、学导式教学法、情意教学法、电化教学法、发现教学法、逆向教学法、模拟教学法、启发式教学法、研究性教学法、探究式教学法等，在体育教学中也得到一定程度的运用，并取得了较丰富的经验和教学成果。

20世纪末，我国体育教学界从国外引进了"快乐教学法"，但由于只知其然，不知其所以然，故同样又犯了20世纪70年代"循环练习法"的错误，一味推崇"快乐教学法"，以致抑制了其他体育教学方法的运用。究其原因，在任何时候、任何地点，对任何体育教材内容与体育教学对象等，只实施单一的体育教学方法注定不是长久之计，这样做违背了客观规律，也违背了教学原则。体育教师应不断提高体育教学理论水平和科学思维能力，才能不断促进我国体育教学理论研究的深入与发展。

体育教学方法从新中国成立初期的简单、单一、局限及单学科性已经发展至现在的丰富多彩和多层次性、多学科性。现代教育学、心理学、"二论"、创造学、管理学、人际关系学等学科帮助引入了体育教学的新方法。

"实施素质教育就是全面贯彻党的教育方针，以提高国民素质为根本宗旨，以培养学生的创新精神和实践能力为重点，造就'有理想、有道德、有文化、有纪律'的德智体美全面发展的社会主义事业建设者和接班人。"[①]将学校体育课程改革为"体育与健康教育"课程，要求每位体育教师应积极地投入体育教育与教学改革的浪潮中，全面改革体育课程教学目标、教学内容、教学方法、教学组织等，以全面促进学生身体、心理、精神、人格等诸方面健康优化地发展，努力造就现代社会需要的高素质人才，完成学校体育教育改革任务和实现教育改革的目标。

体育教师应在教育改革发展的浪潮中，不断提升自己的体育教学素养和教学能力，充分发挥自身的热情和积极性，全身心投入改革中来，努力提高体育教学的质量。我国的体育教学改革应借鉴与引入其他学科的教学方法，逐步走向创新发展，使各种学科的各种教学方法逐步适合于体育教学，成为体育教学法宝库中的一部分。目前，体育教学领域的教学方法重在引进，或稍作修改加以运用，而原始性创新的体育教学方法并不多见，这就需要激励广大体育教师努力创新，创造出切合体育教学实际需要、高效科学的体育教学方法。

---

① 　杨映琳.散论素质教育 [M]. 兰州：敦煌文艺出版社 , 2019.01.

三、体育教学方法论问题

体育教学方法论是关于体育教学方法理论研究的问题，并涉及与体育教学目标、教学任务、教学内容、教学对象等互为关系的理论研究。不同的体育教学目标、教学任务、教学对象选择的体育教学方法各不相同，同样的体育教学内容、教学任务，针对不同的体育教学对象采用相同的教学方法产生的教学效果也会有所不同。这就需要对体育教学方法从理论深度上进行研究，从方法论角度上揭示体育教学方法的基本运动规律。

（一）体育教学方法论的概念

体育教学方法学科要得到快速发展，加强体育教学方法论问题的研究极其重要。深入研究体育教学方法论将有利于体育教学方法的理论建设乃至体育教学理论的发展和创新等相关研究，既是体育教学发展的需要，又是体育教学改革深化的需要，更是体育教学方法学科建设与发展的需要。因此，加强体育教学方法论的研究有利于促进体育教学方法理论建设，提高体育教师教学能力及教学质量，有利于把握体育教学方法的发展趋势，对推进体育教学理论的发展具有非常重要的意义。

教学方法论以教学活动中各种教学方法与不同层次的教学对象性质之间的关系为研究对象，着重揭示已有教学方法及其体系背后的理论基础、核心构成与教学对象的各种复杂关系，以构建和解决教学方法和教学对象之间的新型关系和相应的新理论基础为核心任务。汪馥郁认为："教学方法论是研究教学方法的基本性质、结构、类型及在教学活动中的合理性条件的理论。"①

（二）体育教学方法论的研究

体育教学方法论主要是研究各种体育教学方法和不同体育教学对象之间复杂的内在关系，各种体育教学方法的特征、功能等及体系的理论以及体育教学方法与体育教学对象、教学目标、教学内容等的各种复杂的辩证关系，揭示体育教学方法的各种规律等的理论。体育教学方法论的深入研究，使体育教学方法更具理性化，具有较强的理论支撑和运用规律性，有利于提高体育教师对体育教学方法的认知水平和理论水平及运用能力，丰富学生的体育知识，促进其体育技术和技能的学习及其身心的健康发展，是推动体育教学方法朝着科学化方向发展的强大动力。

1.体育教学方法论研究中存在的问题。我国体育教育界在体育教学方法论方面的研究较薄弱，对体育教学方法的研究仍较肤浅，对理论研究缺乏深度，有许多体育教学方法用起来一阵风，过后如烟消云散，并没有很好地扎根于教学并传承下来。其根源是没有对流行的体育教学方法及时进行理论性的深入系统的研究，没有揭示其基本规律。以下是体育教学方法论存在的主要问题。

（1）体育教学方法缺乏辩证性研究。我国的体育教学法"拿来主义"仍然严重，许多体育教学方法是从教育学、心理学或教育心理学等学科中引进来的，虽然一定程度上丰富了体育教学的方法，增加了体育教学方法论

---

① 汪馥郁.迈向智慧之路 幼儿逻辑思维能力培养[M].北京: 北京理工大学出版社,2015.

研究的素材，但引进的每一种教学方法都需要从体育教学方法论角度进行研究，把体育教学方法与体育教学对象结合起来，才能考察其真正的教学效果、独特功能以及缺陷等。只有通过充分的辩证研究，才能掌握体育教学方法的本质、功能、特点等，才能充分发挥其在体育教学中的引领作用，才能避免陷入体育教学的困境。一味模仿或照搬照抄，或一味迷信于某种体育教学方法，易造成对体育教学方法缺乏辩证性的认识和研究而生搬硬套。我们应该认识到每一种体育教学方法都有特定的教学环境及其教学功能，都有其运用的一整套理论及依据，既有优势，也存在某种劣势，只有一分为二地辩证分析每一种体育教学方法，才能扬长避短。刘绍曾教授曾指出，我们都从国外"引进"一些体育教学方法，这固然对丰富我国体育教学方法有利，但由于忽视独创，所以出现以下弊端：①有些外来的体育教学方法缺乏"中国的味道"，在中国广袤的土地上没有生根、开花、结果，例如程序教学法、发现法。②由于"东舶""西舶"，有时出现"东服""西帽"的不配现象，例如，以前引进的"快乐教学法""主动体育"与新中国成立初期引进苏联的体育教学方法之间便出现了不相配的现象。③最大的弊端是不利于长期的研究，特别是实验性研究。① 目前，对体育教学方法缺乏辩证的认识和研究，特别是对刚引入的教学方法，应该从辩证的角度加以认识和研究，对其进行实证性研究，并进行适度的理论定位，研究要一分为二，决不能像"快乐教学法"那样，无限制地夸大其功能，"铺天盖地"地运用，避免体育教学方法论研

---

① 郑艺. 运动 快乐 健康 幼儿快乐运动教学探究 [M]. 上海：上海教育出版社, 2010.09.

究缺乏辩证统一现象。

（2）体育教学方法缺乏深度理论研究。从体育教学方法领域论，对体育教学方法的观察研究，有时往往重形式而非重实质，缺乏理论研究深度，导致在体育教学中追求轰轰烈烈的表面形式，大搞形式主义，待弊端暴露无遗时，才看清其本质，造成体育教学上不可弥补的损失。如从日本引进的"快乐教学法"，我国推行的"快乐教学法"与日本截然不同，日本倡导快乐教学的内涵是，学生在刻苦锻炼之后获得成功的心理愉悦，如要求学生冬天在冰天雪地里穿背心、短裤跑步等，运动量大，学生需克服困难、战胜自我，获得心理"快乐"的成功体验，达到了促进学生身心健康的目标。而我国将"快乐教学法"简单理解为表面的、形式的、过程的愉快，甚至有的体育教师为迎合学生"玩"的心理而让学生自由活动，导致了新的"放羊式"体育教学现象的出现"一个哨子两个球，学生教师都快乐"。后来"快乐教学法"弊端的暴露无遗，才有了后来的反思，随后，对教师教学思想、理念的拨乱反正花费了很多的精力和时间。笔者认为，体育教学应倡导"百花齐放、百家争鸣"，鼓励广大体育教师深入实践研究与发表各种学术观点，遵循"实践是检验真理的唯一标准"的原则，不断促进体育教学方法的深入研究，不断夯实体育教学法的理论基础，最终创造出有一定分量的研究成果，并推进体育教学改革的不断深化。

（3）体育教学方法缺乏自主创新。通观体育教学方法领域，尽管引进的方法种类繁多，但普遍缺乏自主创新，有的甚至出现"生搬硬套"、"水土不服"的现象，难以达到体育教学期待的效果。体育教育理论是体育教学方法的理论基础，而体育教学方法理论是运用及创新体育教学方法的前提。体育教学方法理论支撑着自主创新体育教学的方法。目前我国缺乏有一定研究深度和影响力的体育教学理论和体育教学方法理论，这必然影响到广大体育教师的教学研究，削弱了创新体育教学方法改革的力度。

体育教育工作者要增强自主创新体育教学方法的意识，打好理论研究的基础，营造良好的体育教学实验环境，努力培养创新意识、创新思维、创新行为及创新研究能力，这样才能不断推进体育教学方法创新研究向纵深发展。

2.体育教学方法论研究的主要内容

（1）体育教学方法论是对体育教学方法及其体系的理论研究。体育教学方法论包括对各种体育教学方法进行理论研究，对引进的各种教学方法进行剖析归纳，并进行本土化研究，再通过实验将引进的教学方法进行改革，使之更符合国情，应尽量避免对引进教学法盲从，切忌生搬硬套或照葫芦画瓢。同时，要拓展体育教学方法的创新思路，提高创新能力，不断提高体育教学质量。此外，需要对体育教学方法体系进行研究，防止杂乱无章。要努力揭示体育教学方法的分类、层次和各种体育教学方法之间的相互关系以及它们与体育教学对象相互作用产生的效果之辩证关系，使之很好地为体育教学服务。

（2）体育教学方法论是对各种教学方法与教学目标、任务相统一的理论研究。体育教学目标、教学任务多种多样，体育教学目标和体育教学任务确定之后，体育教学方法就成了决定性的因素，因而体育教学方法不同，达到的体育教学目标及完成的教学任务的效果也不同。把各种体育教学方法结合在一起运用，有的相得益彰、相互促进，也有的会相互排斥、相互制约甚至相互干扰，所以教学阶段不同，选用的体育教学方法也应不同，教学对象不同，教学方法也要有所不同。可以说体育教学方法与体育教学目标、教学任务和教学对象之间有着错综复杂且辩证的关系，而体育教学方法论应为此提供依据和理论指导。

（3）体育教学方法论是对提高教学质量和教学方法改革、创新的理论研究。随着体育教学改革向纵深发展，体育教学质量要不断提高，首先涉及体育教学方法问题，体育教学方法应显示出针对性、科学性、高效性及组合优化性，不能局限于现成的、陈旧的体育教学方法之中，而应努力改进、改革，创造新的体育教学方法。体育教学方法的改革创新是不断提高体育教学质量的根本途径及内在驱动力，如何围绕各种体育教学具体目标、教学任务、教材内容及不同体育教学对象去改革体育教学方法，促进诸多关系的统一，这就是体育教学方法论的根本任务。

（4）体育教学方法是与实现"健康第一"、增强学生身心素质相统一的理论研究。体育教学方法论不仅仅研究体育教学方法的理论问题，更要研究体育教学方法与体育教学对象和教育目标的关系。体育教学的教育目标是"健康第一"、增强学生的身心素质，处理好方法与教学对象及教育目的这三者相互关系及统一，使体育教学方法更好地为学生完成体育教学任务，达到体育教育目标，增强身心素质服务。只有从理论上阐明三者之间的辩证与促进关系，才能使广大体育教师在体育教学实践中科学选择体育教学方法，运用最佳方法，获得最佳教学效果。可以说，体育教学方法是手段、途径，主要目的是为提高学生的身心素质，体育教学方法需根据学生情况而定，做到因材施教。

（5）体育教学方法是与传授知识、技术、技能相统一的理论研究。体育教学方法论是体育教师运用体育教学方法向学生传授体育知识、技术、技能的理论研究。体育教师向学生传授体育知识、技术和技能的教学方法与其教学效果有着密切联系。体育教学方法必须符合学生的心理素质及水平，符合学生的身体素质发展水平，才能确保学生对体育知识、技术和技能的掌握及发展。特别是体育技术与技能和心理素质的发展，其相关因素甚多，心理素质直接影响体育技术、技能的学习与提高，体育教学方法论研究提供了方法与效果相统一的依据。在体育教学过程中，体育教师如何传授体育知识、技术和技能及帮助学生顺利完成体育教学过程中各个教学环节的平稳过渡，体育教学方法可以提供理论依据。

第二节　体育教学方法的分类

体育教学方法可分为系统性体育教学方法和单一性体育教学方法两大类。系统性体育教学方法是指体育教学方法包含有理论层面和操作层面两方面的教学方法。系统性体育教学方法理论性层面具有教学理念、指导思想、运用原则等阐述；操作性层面有运用的方式方法、要求等，由此形成了自己独有的完整的体育教学方法系统及教学特色。而单一性体育教学方法是指实践性运用的操作性教学方法，可分为体育技术性动作教学方法和通用性体育教学方法与体育理论性的教学方法。单一性体育教学方法一般没有自成系统的一整套理论体系，没有其完整的教学理念、指导思想、运用原则等，只有单纯的具体的操作方法及其运用要求与注意事项等，且方法的独立性较强。因此，系统性体育教学方法简言之是指"大教学方法"，即有一整套自成系统的体育教学方法的理论体系和实践操作方法体系等；单一性体育教学方法简言之是指"小教学方法"，即操作层面上的具体的教学方法。

一、系统性体育教学方法

系统性体育教学方法是指每个体育教学方法各成体系、各具成熟完整的体育教学方法理论体系和实践操作体系，包括教学理念、指导思想、运用原则、教学要求及操作方法等，教学方法独具特色。

系统性体育教学方法非常多，如体育程序教学方法、体育快乐教学方法、体育启发教学方法、体育合作教学方法、体育情境教学方法、体育发现教学方法、体育探究教学方法等。

由于各种体育教学方法的教学理念、指导思想、运用原则及其运用的方式方法等各不相同，其功能也各不相同。体育教学方法需针对不同的体育教学内容、教学对象和教学目标等进行选择，世上没有万能的教学方法。任何体育教学方法都需要特定的体育教学环境，否则，教学方法难以发挥出应有的教学功能。

（一）体育程序教学方法

程序教学方法是美国现代心理学家普莱西和斯金纳创造的，他们把这种操作性条件反射的理论引入人的学习行为，用于学生的学习过程之中，认为学习过程是作用于学习者的刺激和学习者对它作出的反应之间的联结的形成过程。其基本图式是：刺激—反应—强化，是一种复杂的行为，可用逐步接近、积累的办法和简单的行为联结而成。它从控制论的一般规律出发，使信息过程最优化，教学过程算法化，以达到改进教学、提高教学效果和效率的目的。程序教学方法成功地被引入体育教学与训练之中，成为体育教学方法之一，在体育教学中能发挥出良好的作用。

1.体育程序教学方法的定义。体育程序教学方法是指按照规定的教学程序方法把体育教学内容分成若干有规律的，逻辑上完整的分子，再重新组合排序，依据体育教学目的、任务的要求进行体育教学的全过程。程序教学是一种严格按照心理学理论建立起来的教学方法。它是把体育教材分成连续的若干部分并严格按照逻辑编成程序的一种自动体育教学活动的体系。

2.体育程序教学方法的指导思想。体育程序教学方法的指导思想是以控制论原理为根本，以信息过程最优化、教学过程算法化，将学生掌握的知识、技能与技巧的过程程序化，使教师按程序进行独立的、个别化的教学，使整个体育教学过程处于严格的控制之中。因此，这种体育教学方法不要求所有的学生同步，只要求最终达到同一个目标。

3.体育程序教学方法的基本理念。体育程序教学方法的基本理念是一种着眼于行为控制的教学模式，利用控制行为表现达到促进学生体育学习的目的，是依据"刺激—反应"过程实现的。依据条件反射原理，使程序教学具有操作性，而这种操作性体现在整个程序教学之中。普莱西和斯金纳认为，人类的学习也就是一种操作反应的强化过程，通过操作性强化，一个完整的新的行为可以被学会。体育教学或体育训练成功的关键就是要精确分析强化效果，并设计操作这个过程的技术，建立特定的强化系列，进行有效的强化。体育教师应根据学生学习的目标，制定精确的教学程序，并在学习过程中不断强化，使学生能顺利向着学习目标迈进，逐步实现教学目标。体育程序教学方法对于体育技术动作教学效果良好。

4.体育程序教学方法的运用原则。

（1）小步子原则。由于体育程序教学方法的实施严格受到控制，其内容是一步步呈现的，学生一步步掌握体育教学内容，减少了学习的难度。小步子原则主张程序教学内容的步子要小，以每一小步解决一个学习难点为宜，学习与掌握了第一步教学内容才能进入第二步教学内容的学习，并且任何两个步子之间递增的难度一般都很小。同时还要确定好每一步子的教学要求和动作规格等。在高标准、严要求的体育教学中，做到步步准确、步步规格化，以确保学生掌握每一动作的质量。在大多数情况下，设计程序教学内容步子的大小还需依靠体育教师的教学经验和编写程序。另外，在设计编制体育动作的教学程序时，要考虑充分利用现代器材、设备或特制教具等，最好能结合运用电化教学手段，从而达到最佳的效果。

（2）积极反应原则。斯金纳等人认为在传统班级教学的课堂上，一个教师同时要教许多学生，教师讲授知识或者传递信息，绝大多数学生是消极的听众，不易作出积极的反应。另外教科书的内容也不能调动学生的积极性，而对于程序教学法的每一教学步骤，每位学生都要作出积极反应。在体育程序教学方法的实施教学过程中，要根据学生的实际情况设计体育教学程序，以适合学生的学习水平，使每位学生能感兴趣并积极参与其中，作出积极反应，这有利于提高学习效率。积极反应原则是体育程序教学方法实施的一个重要原则之一。

（3）即时强化原则。体育程序教学方法实施的一个十分重要的原则就是"即时强化"。斯金纳认为，强化非常重要，他指出：行为之所以发生变化，是由于强化的作用，因而直接控制强化物就是控制行为。学生体育技术动作的学习是通过一步步地强化的结果。在体育程序教学方法的实施过程中，每一个信息都应被及时捕捉与反馈，使学生及时获得学习后的各种评价，清晰动作概念及强化正确的做法，以便改正错误动作、巩固正确动作，加快学习进程，所以正确的强化尤为重要。

体育程序教学方法的实施过程是在严密的控制下，遵循预定的"路子"，依靠不断地修正偏差（错误），在一步步强化下完成的。体育教师要通过多种形式和手段，把强化的频率提高到最大限度，把强化的质量提高到最佳状态，同时，又要把可能发生的错误降到最低限度。要做到正确强化，必须把握住反馈信息的准确性、可靠性、有效性。这就需要体育教师清楚地掌握每一学生的身体素质、技术基础、心理素质以及即时的体力、情绪变化等因素，同时还要研究清楚每一动作的各个技术环节与纠正错误的方法等，通过观察、询问等综合逻辑思维进行分析，准确地把握住学生的"脉搏"，准确、及时、有效地输出信息。

（4）自定步调原则。体育程序教学方法实施的一个十分重要的原则是自定步调。在体育教学过程中，学生的学习进程各不相同，水平也参差不齐。体育程序教学方法实施的重要原则就是自定步调，教师应根据学生的不同情况制定学习进度。体育程序教学方法鼓励每一个学生以自己最适宜的速度进行学习，这种以学习者为中心的教学方法，允许学生自定步调进行学习，有利于充分调动学生的积极性和自觉性及发挥自我管理的能力，有利于学生朝着统一的体育教学目标努力奋进。

（5）低错误率原则：体育程序教学方法实施的一个十分重要的原则就是低错误率。其一，在实施体育程序教学时，在编制体育教学程序时就应该考虑到容易出现的错误或典型错误进而力求加以避免，使体育教学程序相对完善，学习的小步子正确、科学，尽可能做到小步子与小步子之间的无缝对接。其二，遵循低错误率原则也就是全面贯彻即时强化原则，学生的学习接受能力不同，在学习过程中总会犯有不同的错误，这时体育教师应遵循动作技能形成的基本规律进行教学，由主到次地纠正错误动作，或由核心错误到一般错误进行纠正。同时，体育教师要及时对学生犯错误的方面进行负强化，对做得正确的学生进行正强化，将学生的错误降至最低，以利顺利地完成体育教学内容。

5. 体育程序教学方法运用的方式。体育程序教学方法运用的方式可分为直线性程序教学方法和分支式程序教学方法两种。

直线性程序教学方法是将体育动作教学或体育教材内容分成若干个"小步子"，严格按照一定的顺序一步一步地朝着目标直线式地进行学习。在应用时，如从第一步学习转入第二步学习时掌握得不好，甚至犯有第一步学习内容中出现的错误时，就要退回到第一步进行重新学习或复习，待准确掌握后再进入第二步学习，以此类推。这种直线性程序教学方法适用于简单的技术动作或教材内容的学习。

分支式程序教学方法是把体育动作教学有机地分开，即分成比直线式程序教学方法更大的步子和包含有多重选择的反应练习。学生学习第一个部分（第一步）主支时，如果学生接受能力较差，可先选择下面的多重选择反应练习，待学习掌握后再转入第一部分（第一步）主支上进行学习，或者再转入第二部分（第二步）主支下面的多重选择反应练习后再转入第二部分（第二步）主支上学习，依次进行。如果哪个学习步骤出现问题，就退到该步骤主支或主支下面的多重选择反应练习，待正确掌握后再重新回到主支上学习，这样可以及时纠正学生的错误，有利于调动与激发不同水平学生的学习兴趣。

分支式程序教学方法一般适用于一些较复杂的动作。动作的各个技术环节间非常紧密，当难以划分极小的步子时，可采用多重选择反应练习，即分支式程序。在应用时，如第一步学习掌握不好，可引入一个相应简单的辅助性步子进行练习，待做好后再回到原来的步子进行练习，由此向前推进。分支式程序教学方法比直线式程序教学方法灵活，具有一定的选择性，可视学生的学习情况或学习能力灵活且有针对性地选择学习的步子。

（二）启发式体育教学方法

启发式教学方法在我国教育教学界是非常重要的一种教学方法，且非常盛行，研究证明，其教学效果很好。启发式体育教学方法的引入，带来了良好的体育教学效果。启发式体育教学就是从学生实际情况出发，通过教和学的相互作用，发挥双方的积极性和各自的特殊作用，使学生主动地进行体育学习。

1.启发式体育教学方法的定义。启发式体育教学是指体育教师在教学过程中将学生作为教学的主体，通过有效引导促进学生的体育学习活动，以充分调动他们学习的内动力，积极思维，充分发挥学生学习的主动性和积极性，使他们自觉地获取体育知识、技术和技能，同时发展学生的思维能力及分析问题、解决问题和探究新问题的能力，促进学生身心健康的全面发展。

启发式教学一词可追溯到春秋时期的大教育家孔子。"不愤不启，不悱不发，举一隅不以三隅反，则不复也。"这是孔子对启发式教学的阐述。朱熹在《四书集注》中对此的解释是："愤者，心求通而未得之意；悱者，口欲言而未能之貌；启，谓开其意；发，谓达其辞。"①就是说，教师在教学中要讲求艺术，把握时机，当学生处于"心愤口悱"、有强烈求知欲和正进入积极的思维状态时，应适时进行诱导、点拨，以"开其意""达其辞"。《礼记·学记》中对孔、孟的启发式教学思想作了进一步的发展："君子之教，喻也，道而弗牵，强而弗抑，开而弗达。"意思是说，要引导而不是牵制学生，激励而不是强制学生，启发而不是只把结论告诉学生。1990年我国出版的《教育大辞典》认为："启发式教学是遵循教学规律，运用各种教学方法，充分调动学生学习主动性、积极性的一种教学类型。"《中国大百科全书·教育卷》也认为："启发式教学是教师在教学工作中依据学习过程的客观规律，引导学生主动、积极、自觉地掌握知识的教学方法。"在国外把启发式教学作为一种教学方法，最早可追溯到苏格拉底的"产婆术"，又称"启发式谈话法"或"启发式问答法"等。可以说，启发式教学法是指学生在教师"启"的引导下，通过自己的思维活动，主动获取知识的一种教学方法，其实质在于调动内因，充分发挥学生的积极性、主动性、创造性，开发学生的智力，培养学生分析问题、解决问题和探究新问题的能力。

2.启发式教学方法的指导思想。启发式教学方法要求体育教师树立正确的学生观，以"学生为本"，把充分调动学生学习的主动性、积极性作为主线进行体育教学。在体育教学过程中，充分发挥体育教师的主导作用和充分调动学生学习的主动性，并将启发式教学贯穿于整个体育课程的全过程，以

---

① （宋）朱熹校注.四书集注[M].王华宝整理.南京：凤凰出版社,2016.09.

发挥体育教师最大的启发引导作用和调动学生主动性学习为指导思想。学生的主动性一旦被调动起来，并以主体的姿态参与体育教学活动，又会刺激体育教师主导作用的进一步发挥，促进体育教师与学生融入教学双向良性循环的运行中。

3.启发式教学方法的基本理念。启发式教学方法在启发的教学思想指导下，以学生为本，充分调动和挖掘学生的能力与潜能，不断提高学生的认知水平，并以促进学生全面发展为理念，采取启发学生思维、积极调动学生内在学习动力的教学方法。体育教师根据学生的实际情况，运用各种启发性体育教学方法引导学生，通过启发学生积极"探索""发现"等方式，激发其情感，促进主动学习，使学生心领神会、豁然开朗并做到举一反三、触类旁通，这有利于发展学生的体育认知能力和体育活动能力。

4.启发式教学方法的运用原则

（1）激发学生积极思维的原则。体育教师采用启发式教学方法，首先应以启发学生思维为准绳，才能促进学生感悟到对体育知识、技术和技能的需要与动机，才能激发学生积极学习的行为。这要求体育教师根据学生的具体情况，如体育知识基础、身体素质、认知水平等，特别需关注学生学习的思想状况以便采用不同的启发式教学方法，引导学生朝着体育教学的目标积极思考，激发学生的学习动机和干劲，使学生拥有真正需要体育学习的动机。学生的体育学习不仅是身体的操练，更是复杂的思维操练，是在体育教师的悉心指导下，不断地认识体育学习内容的概念、技术、做法、要求等，也是学生不断提出问题、分析问题和解决问题的过程。体育学习的过程实际是学生积极思维及思维质量不断上升的过程。体育教师在体育教学过程中，要随时帮助学生"解惑"，启发学生的思维，并通过学生自身的思维活动，把所学的体育知识、技术和技能融会贯通。同时体育教师在体育教学过程中应随时观察学生的学习状况、情绪变化等，恰到好处地、及时地进行启发教学，不断促进学生积极思维的质量及能力。这是体育教师进行启发教学方法需遵循的原则。

（2）以"学生为本"的原则。体育教师进行启发性教学须遵循以"学生为本"，努力促进学生全面发展的原则。体育教学以传授知识、技术和技能为手段，目的是促进学生的身心健康和全面协调发展。为达到这一体育教学目标，必须以学生为根本。如何围绕学生进行有效的教学是每位体育教师都要思考与研究的问题，体育教师要认识到启发式教学的重要意义，使学生真正明白全面发展对人才塑造及未来发展的重要作用。体育教师的教学应从以"学生为本"，促进学生全面发展为出发点，促进学生刻苦学习与锻炼，不断提高身心素质；体育教师要启发教育学生拥有积极向上的思想，努力做好学生的思想工作，因为思想是一切行动之源，有正确的思想才有正确的思维与行为。总之，启发教学的核心就是"学生为本"。

（3）师生之间双向信息交流的原则：体育教师在进行启发式教学时应贯彻师生之间信息双向交流的原则。体育教师要启发学生积极思维，使学生满腔热情地参与体育学习，并不断取得进步。"满堂灌""填鸭式"，或"单向灌输知识、技术、技能"的教学方式难以达到体育教学的目标。通畅的体育教学过程能有效地启发学生的学习，师生之间频繁地交流信息能使体育教师的教学意图得到贯彻，学生各种学习问题及时得到解决。同时，在师生沟通信息的过程中，能够形成容纳不同观点、思维方式及体育教学方法，学生也能够敢于提出问题，善于提出问题，同时，体育教师在回答学生问题时，要循循善诱，不断输出自己的体育教育教学思想，启发、引导学生努力学习，创建良好的信息交流的体育教学情景，这样才能不断提高师生之间双向信息交流的频率、效率和质量。

（4）平等民主的原则。体育教师在进行启发式教学时，应贯彻平等民主的原则。只有师生处于平等的地位时，学生才敢于表达自己的思想或想法，才愿意得到教师的指导；同样，体育教师只有尊重学生，平等对待学生，才能突出学生的主体地位，启发教学才有效果，才能达到预期的教学目标。体育教学不能局限于教师的教和学生的学，关键是通过体育教师的启发、诱导，让学生积极主动地实现体育教学目标。师生平等民主，才能教学相长。体育教师要积极营造平等民主与和谐的体育教学平台及氛围，使学生得到充分的尊重，才能很好地进行体育教学，达到体育教学的目标。因此，启发式教学的基础是师生之间民主、平等的良好氛围，只有这样能不断提高体育教师启发教学的有效性。

5.启发式教学方法运用的方式方法。启发式教学的方式方法很多，具体形式如下。

（1）观察启发法体育教师在进行启发式教学时可运用观察启发教学法。

体育教学中很多是动态性的运动技术性教学内容，在学生的体育运动技术性学习中，观察是学习的主要方法之一，通过体育教师对学生的观察启发教学，正确启发、引导学生进行观察思考，或通过观察动作表象，引导学生深入动作本质的思考，进而弄明白动作概念、技术要领及其做法等。观察启发要求体育教师提出观察目标及要求，逐步由浅入深、由表及里地深化认识，以提高学生思维的想象力、联想力以及思维的深度等，达到观察启发的目的。同时，体育教师应充分利用多媒体教学，如课件、图片、幻灯和录像等，以增强学生直观形象的观察能力，有利于形成思维表象及形象思维，激发学生的观察启发思维。体育教师通过观察启发教学，促进其观察与思维的积极转化，从而不断提高学生的观察与思维能力。

（2）比较启发法体育教师在进行启发式教学时，可运用比较启发教学方法，比较可以是同类（同质）的比较，也可以是不同类（异质）的比较，甚至类差很大的比较。比较将两个不同事物联系起来进行分析研究，从中去辨别"同中有异、异中有同"。学生在体育学习中会出现各种各样的错误动作，可以通过体育教师的"正误示范"，启发学生辨清两个动作的异同之处，使学生明白错误所在并进行纠正。体育教师也可以提示学生观察其他学生的学习，比较差异，从而使学生找到答案。通过各种比较启发，调动学生观察与思维的积极性，提高学生思维的灵活性以及观察和思辨能力。

（3）联想启发法体育教师在进行启发式教学时，可运用联想启发式教学方法。客观世界既是运动发展的，又是互相联系的，各种事物，必然会反映到我们的头脑中，形成各种动态的联想，联想是一种心理活动，是由一个事物想出另一（类）事物的思维过程。联想通常表现为触景生情、举一反三等。联想是事物间相互联系和关联的"桥梁"，如触类旁通、融会贯通等都依赖于联想，体育教学中有许多联想现象客观存在，体育教师可以利用各种教学契机对学生进行联想启发教学，以促进学生的联想思维。如技巧的翻滚类动作有多少种滚法？可以在哪些器械上做？让学生去进行联想及探索其答案，从而总结出翻滚类动作有前滚翻、后滚翻、前滚翻直腿起、直腿后滚翻、前空翻、后空翻、侧空翻等；可以在双杠和纵跳箱上做前滚翻等。体育教师通过联想启发教学，培养学生思维的联想性、丰富性、广阔性、逻辑性和拓展性，有利于学生的主动性学习。

　　（4）相似启发法。体育教师在进行启发式教学时可运用相似启发教学方法。相似是相像的意思。世界上许多事物之间存在相似现象，体育教师通过体育中后许多相似现象，对学生进行相似启发教学，使学生对体育教学中许多相似现象有本质上的认识，以有效推动体育教学的进程。体育教学中普遍存在着相似技术、相似运动、相似形式、相似做法、相似联系、相似学习、相似规律、相似原理、相似创造等，体育教师通过相似启发教学，激活学生大脑思维中存有的大量相似信息的板块，从而促进学生的认识与学习。体育教师应充分利用各种体育教学机会，通过相似启发教学，鼓励学生进行相似思维，从而达到体育教学的目的。如通过体育教师或学生做前滚翻与经手倒立前滚翻动作，让学生认识这两个动作的相似之处，以加深对动作概念及做法的认识。相似启发教学重在利用体育的相似方面：运动相似、结构相似、功能相似、规律相似、手段相似、作用相似等，以启发学生相似联想的积极思维。在相似启发教学时要注意"同中有异、异中有同"的现象，加深认识与研究，获得新的发现，以便更好地运用相似启发式教学方法。

二、单一性体育教学方法

相对系统性体育教学方法而言，单一性体育教学方法属于小教学方法，即主要是指操作层面上的具体性体育教学方法。单一性体育教学方法一般没有自成系统的一整套理论体系，或没有完整的教学理念、指导思想、运用原则等，而只有具体的操作方法及运用要求与注意事项，且方法的独立性较强。

尽管单一性体育教学方法属于"小教学方法"，是操作层面上的具体性体育教学方法，但体育技术性动作教学或体育理论教学大多依靠这些体育教学方法才能完成各种体育教学任务。体育教师应该非常重视单一性体育教学方法及其研究，它实际是体育实践教学中的大方法。由于体育运动项目多，各种体育技术性动作成千上万，每个技术动作的教学方法各不相同，即每个技术动作都有自成体系的一套教学方法，只有遵循教学规律，才能顺利从事体育教学。由于体育教学方法非常多且复杂，体育教师掌握各种单一性体育教学方法的难度也非常大，要求也高。体育教师只有对体育教学方法进行深入钻研，才能把握其特点、功能和价值等。

当然，从辩证法的角度研究，单一性体育教学方法经过不断研究与发展，逐步建立起自己的理论，其体系不断完善，已经具有自己的教学理念、指导思想、运用原则及运用方法，并逐步形成了独特的体育教学特色和风格，所以，单一性体育教学方法可以上升至系统性体育教学方法的行列之中。

从理想的体育教学方法论，单一性体育教学方法上升至系统性体育教学方法，已经逐步形成自成系统的一整套理论体系，包括教学理念、指导思想、运用原则及运用方式等。从辩证角度论，任何教学方法总是可以通过不断深入研究，从感性认识上升至理性认识，由理性认识的浅层次向深层次发展的。不断提高体育教学方法的理论广度与深度，进一步完善其操作方法，使之功能最大化，这些都是我们今后不断努力研究的方向和目标。

1. 根据体育教育学常规教学方法的分类。根据体育教育学常规教学方法的分类，可以分为：①语言法。②直观法。③完整法和分解法（包括程序教学法等）。④练习法。⑤游戏法与比赛法。⑥预防与纠正错误法。

2. 根据体育技术性动作教学方法的系统性分类。根据体育技术性动作教学方法系统性的分类，可以分为：①体育教学思维方法。②体育一般教学方法。③体育各项目教学方法。④体育各动作教学方法。⑤体育动作各环节技术教学方法。

3. 根据体育技术性动作教学方法的方式分类。根据学校体育技术性动作教学方法的方式分类，可以分为：完整教学方法和分解教学方法。可以说，学校体育教学中的任何技术动作的教学方法一般都需要采用完整教学方法和分解教学方法，或先通过分解教学方法再过渡到完整教学方法，才能使学生学会与掌握体育技术动作。这是学校体育技术动作教学的基本规律，或特定规律，别无他法。

学生学习与掌握体育技术动作是目的，直接采用的教学方法只能是完整教学方法和分解教学方法，而其他只能属于辅助的教学手段。

体育教学方法分类就是建立体育教学方法的秩序和系统，对千差万别的体育教学方法可以根据体育教学方法中的某些特征和一定的科学分类标准，将体育教学方法分为某一类型。对体育教学方法进行分类是为了有序地梳理各种体育教学方法并根据其教学方法的某些特征进行归类与分类，有利于体育教师认识与把握不同的教学方法。

当前多数体育教学方法的专家认同体育教学方法的多维性。所谓体育教学方法的多维性是指对体育教学方法可以从不同角度，按照不同的依据进行分类。但是，无论如何分类，都可以把它统一起来，从而构成一定的体育教学方法体系，有利于体育教学方法学科的建设。

第三节　体育教学方法的运用

一、体育教学方法选择的基本依据

体育教学方法是由多因素构成的，也是在特定的体育教学环境中产生的，这又决定了我们选择体育教学方法时的各种限制性与有效范围。我们在选择体育教学方法时应首先考虑下列基本依据。

1.要根据体育课的体育教学目标和体育教学任务来选择体育教学方法。每次体育课的教学目标和任务都是依据整个学期的教学计划或年度教学计划的体育教学目标和任务确定的。尽管体育教学的总目标是努力促进学生身心健康，不断增强体质，但是，体育教学的总目标和教学任务都是分化或分解至日常的、具体的体育教学课之中的，是通过每次体育课来实现体育教学的总目标和完成教学任务的。每次体育课的教学具体目标和教学任务都不尽相同，并伴有一定的渐进性，是有序的密切联系，教师需要选择不同的体育教学方法，才能完成体育教学任务及教学目标。如果一节体育课有几个体育教学任务，就应该选择多种教学方法，甚至同一教学任务有可能需要选择多种教学方法才能完成。如技术动作教学，应建立动作的正确概念，初步掌握动作技术，又如提高身体素质练习，需提高臂力和腰腹肌力量等，这就要采用多种体育教学方法，才能达到体育教学目标。

2.要根据体育课实施的具体教学内容选择体育教学方法。由于体育教学内容丰富、复杂，动作多样，有简有繁，选择体育教学方法也要体现丰富性和多样性，不同的体育教学动作需选择不同的教学方法。体育教学方法是依据体育教学内容选择与决定的，不同的教学内容，在不同的教学阶段，需采用不同的教学方法。

3.要根据学生的年龄、性别、身体素质、心理素质、体育学习基础等选用相适宜的体育教学方法。由于学生的年龄不同，心理素质、身体素质的发展阶段不同及其体育学习基础不同，选用的体育教学方法要能与之相适应，符合其实际情况，才能实现体育教学的有效性。

4.要根据体育教学的环境，即体育教学的条件、设施等选择体育教学方法。许多体育教学需要充分利用体育器材、设施等，先进的体育设施为体育教学提供良好的实效条件和基础。如健美操馆墙上装有镜子，学生对着镜子做动作，能反馈自我动作信息，及时纠正错误动作，促进动作优美化。有多媒体教学条件的，可以利用课件进行教学，优化体育教学过程，提高体育教学的直观性效果。

总之，选择体育教学方法应充分、全面、综合、科学地考虑上述四个方面的因素，才能达到统筹兼顾，优化教学方法和体育教学过程。

二、体育教学方法运用的基本原则

在体育教学实践过程中，要取得最佳的体育教学效果，应该遵循下列基本原则。

1.针对性原则。针对性是体育教学方法运用的首要原则。不仅要针对体育教学内容、教学对象水平等实际情况，而且还要遵循动作技能形成规律，能恰到好处地运用体育教学方法。针对体育教材内容的实际，要研究其教学要点、关键及难点等，由主到次地逐步加以解决，使体育教学矛盾化繁为简，以获得良好的体育教学效果。例如，背越式跳高动作，学生最难掌握的是起跳与空中挺身过杆动作。根据这一教材内容难点应采用简易实用的分解教学方法，逐个解决这些难点，以便学生较快地掌握。有针对性地运用体育教学方法不仅能较好地完成体育教学任务，而且能刺激学生的学习情绪、活跃气氛，加快学习进程，以达到最佳的体育教学效果。

我们常常在体育教学实践过程中体会到，同一体育教学内容，往往需采用多种教学方法，做到殊途同归。因此，运用体育教学方法应讲究针对性，需视体育教材具体内容、不同体育项目选择适宜的方法。体育教师应从针对性原则出发，既能从掌握的体育教学方法宝库中筛选出得心应手的"省工省料"的体育教学方法，针对学生的实际情况进行运用，又能根据学生的实际创新体育教学方法，激发学生的学习热情，达到预期的体育教学效果。

2. 实用性原则。体育教学方法的实用性原则是指采用的教学方法能切合学生的实际情况。通常，体育教学内容确定以后，就要选择教学方法，体育教学方法要遵循实用性的原则，全面掌握和辩证分析教学对象的年龄、性别、身体素质、心理素质、教学条件等情况，选择能适合教学对象的体育教学方法。需要注意的是，运用的教学方法越多，花费时间越多，教学效果也不一定好。因此，体育教学方法需遵循实用性原则。

3. 时效性原则。时效性是体育教学方法运用的基本原则。体育教学过程是一个动态渐进的过程，从动作技能的形成规律看，可划分为泛化、分化、巩固和自动化 4 个阶段，即使一个简单的技术动作也需经历这一教学过程。

在体育教学过程中，必须考虑教学方法运用的时效性，即需要考虑每种体育教学方法运用的时间与效果的关系，并且随时关注教学方法运用的时间与效果的变化，并及时更换教学方法，始终保持体育教学方法的有效状态，从而达到费时少而收获大的教学效果。而事实上，我们有时只注意遵循体育教学方法的针对性原则，往往不能够时刻关注其时效性，容易造成某一体育教学方法的过度运用，导致体育教学过程停滞不前或处于教学无效阶段，这就是缺乏时效性的表现。

每一体育教学方法的针对性往往是一时的，而并非始终如一的，因此，体育教学方法在实际运用中，要在依据针对性原则的基础上遵循时效性原则，随时观察教学方法的有效性，一旦有效性降低或锐减时就要更换教学方法。否则，就容易造成为了方法而方法的随意性教学后果。实际上，教学方法缺乏系统性，缺乏考虑不同方法的衔接，或方法运用时间估计不足、掌握不好、分布不合理等现象的出现，归根到底是由于体育教师没有遵循时效性原则，也可以说，体育教师缺乏"战略性"的思想准备。因此，体育教师要结合体育教学对象、教学实践等情况，有预见性地把握好各种体育教学方法的时效性，用战略眼光通盘考虑整个教学过程中运用的教学方法及其获得的效果或时效，在教学中有的放矢。体育教师要努力营造良好的教学气氛，敏锐观察教学方法发挥的时效性，把握时机，及时调整或变更教学方法，使体育教学连贯、紧密、梯度适宜，始终发挥良好的作用。

4. 灵活性原则。灵活性是体育教学方法运用的基本原则。教学方法的宗旨是为了取得最佳教学效果。如前所述，体育教学方法具有一定的时效性，体育教师要根据学生的不同情况、教学环境的变化，灵活地运用各种教学方法，避免墨守成规，循规蹈矩。

5. 经济性原则。经济性是体育教学方法运用的基本原则。从客观上论，许多体育教学方法都能解决同一问题，关键在于如何遵循经济性原则选择最佳的教学方法。经济性原则，首先应对各种体育教学方法进行比较与鉴别，从而采用准确、省时、省力的教学方法，从而获得最大的教学效果。总之，体育教学要遵循经济性原则，尽可能缩短学生学习的时间（体育教学时间），以便节省体力，促进体育教学过程的优化。

6. 科学性原则。科学性是体育教学方法运用的基本原则。体育教师针对某一教材内容进行教学，除了考虑学生的实际情况，还应选择符合客观实际情况的简便、先进、高效、快捷的教学方法。教学方法讲究科学性，其结果必然是高效的。高效的背后一定是科学的支撑。

7. 全面性原则。全面性是体育教学方法运用的基本原则。体育教学过程是一个系统的又是十分活跃的过程，各种教学矛盾会相继出现，体育教师要能够及时解决各种矛盾，使之在整个体育教学过程中获得最佳的体育教学功能，必须遵循全面性原则。不仅要遵循针对性、实用性、时效性、灵活性、经济性、科学性的原则，同时还必须遵循全面性原则。有时，一个简单的教学内容往往需要相继运用或综合运用多种体育教学方法。教师不仅要充分发挥每种体育教学方法的功能，而且还要考虑"1+1>2"的整体功能。各种体育教学方法在相继运用或综合运用时，有的可以取长补短、相互促进、相得益彰；有的会产生相互干扰、相互排斥等消极作用。如果只单纯考虑针对性与时效性，就会忽略整体功能或全面功能。体育教师在全面掌握各种体育教学方法功能的基础上，应高瞻远瞩、通观全局，全面地衡量各种体育教学方法，避短扬长，优化组合，使整个教学过程始终处于最佳的状态。

8. 优化性原则。优化性是体育教学方法运用的基本原则。最优化原则是苏联教育科学院院士尤·克·巴班斯基提出的，他认为："最优化向教师指出了费力较少而又能达到较高教育教学效果的捷径。它使教师从许多习以为常，但效益很少的行动中解放出来，使他们避免尝试错误，返工重教，或者由于教学方法不完善而浪费很多时间。"① 简而言之，最优化是指以最少的费用而获得最大的收益。

体育教学方法的运用原则，既讲究针对性、实用性、时效性、灵活性、经济性、科学性、全面性，又讲究优化性。体育教师针对教材内容，选择的教学方法以最少、最好、最省劲及使用时间最短为优。同时，针对体育教材内容，需采用组合体育教学方法时，要考虑体育教学方法的系统性，除了考虑单个体育教学方法的针对性、合理性、科学性，更要全面考虑教学方法之间的相互作用、相互促进、相互协调，以便做到取长补短、相得益彰、紧密

---

① 〔苏〕尤克巴班斯基.改革普通教育学校和职业学校的基本方针在理论和方法论方面的意义(下)[J].俞翔辉，译.现代教育科学,1985(第2期).

衔接。

总之，体育教学过程具有一定的规律可循，要获得最佳体育教学效果，则要考虑教学方法的运用，需遵循针对性、实用性、时效性、灵活性、经济性、科学性、全面性与优化性八个基本原则。另外，还要考虑教学方法的灵活性和可创造性，应紧密结合教学实际进行研究，创造出更适合的教学方法，做到举一反三、灵活运用，促使体育教学方法更具教师个人独特风格或艺术，切不可邯郸学步或东施效颦。

三、程序教学方法在体育教学中的运用

程序教学方法是由美国现代心理学家普莱西和斯金纳创造的一种教学方法，它从控制论的一般规律出发，使信息过程最优化，教学过程算法化，以达到改进教学、提高效果和效率的目的。它的主要原则是："小步子"、及时反馈、正确强化、自定步调、低错误率。程序教学方法在体育教学中能收到很好的教学效果。它把体育教学的技术性动作分解成若干个"小步子"，按设计的步子逐个学习、全面控制，做到步步正确，并通过步步正确强化，逐步接近体育教学目标，从而使学生顺利、准确地学习掌握动作技术，有效缩短体育教学时间，提高教学效果。

（一）程序教学方法的设计

程序教学方法可分为直线性程序和分支式程序两种教学方法。直线性程序教学方法是将所教的体育技术动作分成若干个有机的"小步子"，并严格按照一定的顺序一步一步地朝着目标直线式进行学习。如果学第二步掌握不好，甚至犯有第一步出现的错误时，就要退回到第一步重新练习，待准确掌握后再进入第二步学习，以此类推。程序教学方法的直线性程序适用于技术比较简单的动作。例如，体操技巧的"前手翻"。而对于技术较复杂的动作，其各个技术环节的连接非常紧密，难以划分极小的步子时，可采用多重选择反应练习，即分支式程序教学方法。如第一步学习掌握不好，可引入一个或多个相应简单的辅助性步子进行练习，待做好后再回到原来的步子进行练习。例如，学习体操技巧的"前空翻"可以采用程序教学方法的分支式程序。体育教师应根据体育动作的难易程度和学生的学习基础及学生的个人情况灵活选用直线性程序或分支式程序。对于接受能力强，学习较快的学生可采用程序教学方法的直线性程序；对于接受能力较差，学习较慢的学生，可采用程序教学方法的分支式程序，先通过分支的辅助性步子学习，再转入主支的步子学习，当前进一步后仍先进入分支的辅助性步子学习，然后再转入主支的步子学习，学生的学习进程沿着曲线型路线前进。可以说，程序教学方法的直线性程序比分支式程序学习进展快，简言之，程序教学方法的直线性程序教学是按照直线型进行教学前进的，而分支式程序教学是按照曲线型进行教学前进的。

（二）应用程序教学方法需重视两大方面

1.科学设计编制动作的教学程序。应用程序教学方法时，首先需科学设计编制动作的教学程序。体育教师针对所教体育技术动作在设计编制动作的教学程序时，既要根据教学的实际经验，又要从理论高度作逻辑分析，考虑动作技术的难易、各环节技术之间的衔接程度，从而科学合理地设计，把一个动作分解成几步进行教学。通常以每一小步解决一个学习难点或一个环节技术为宜，同时还应确定好每一步子的动作规格和教学要求等。在高标准、严要求下，做到步步准确，步步规格化，以确保学生掌握动作的质量。另外，在设计编制动作的教学程序时，要考虑充分利用现代器材、设备或特制教具，最好能结合运用电化教学手段。为了力求实用科学，对刚设计编制好的动作教学程序，应先做可行性试验，及时修改，再实践应用、检验，进一步修改完善，使动作的教学程序最优化。

2. 必须贯彻"强化原则"。程序教学的一个十分重要的原则就是"即时强化"。强化在生理学上被称为是增强某种刺激与有机体某种反应之间的联系，主要是指对暂时神经联系的强化，从行为科学上称强化为对行为的定向控制。美国心理学家斯金纳认为，强化非常重要。斯金纳指出，行为之所以发生变化，是由于强化的作用，因而直接控制强化物就是控制行为。学生的学习过程就是学习行为建立与强化的过程，通过强化，才能塑造动作的准确性和完美性。[①] 体育教学的过程就是体育教师运用强化手段，有效地控制学生的学习行为，促使学生朝着预定的教学目标努力前进的过程。通过体育教师的各种强化，不断促进学生学习上的定向性与正确性，使技术动作不断得到改进、巩固与提高。特别是中小学生身体正处于发育阶段，肌肉发展不

---

① 沈洁. 如何读懂孩子 斯金纳教育思想探析 [M]. 太原：山西人民出版社 , 2019.01.

平衡，神经系统也不成熟，对肌肉活动的支配与调节还不够协调。因此，他们学习动作时往往比较僵硬，对身体的控制能力、维持平衡的能力、肌肉的运动感觉以及对肌肉运动的分析能力等也较差，所以在对他们进行程序教学时，应及时捕捉反馈信息，正确给予强化。程序教学的过程是在严密的控制系统中遵循预定的"路子"进行的，教师应及时修正发生的偏差（错误），一步一步正确强化，使学生完全准确地掌握动作要领。体育教师还应通过多种方式，把强化的频率提高到最大限度，把强化的质量提高到最佳程度，同时还要把可能发生的错误率降到最低，这才符合程序教学方法的要求。

要做到正确强化，还要把握反馈信息的准确性、可靠性和有效性。这就需要体育教师把技术动作的各个环节、衔接技术的准确与错误及纠正错误的方法等研究透彻，同时要清楚每个学生的身体素质、技术水平、心理素质，及时捕捉学生的体力、情绪变化等，通过观察、询问作出分析、综合，准确把握住学生的"脉搏"，使输出的信息更加准确、及时、有效。

程序教学方法应用于体育动作的教学中无疑是一种十分有效的体育教学方法，其关键在于体育教师如何从学生的实际情况出发，精心设计编制动作的最佳教学程序及规格、要求，并精心实施、正确强化。

四、逆向教学法在体育教学中的运用

在体育教学中，教学方法是教学过程中一个很"活"的因素，它不仅要考虑教材内容、教学对象的身体素质、心理素质、技术水平，而且还要重视和研究学生对所学体育教材内容产生的心理活动，并充分利用学生的积极心理，针对性地采用体育教学方法进行教学。经验丰富的体育教师都十分重视这一点，他们运用恰当的教学方法，使学生学有兴趣，教师教有成效。体育教师针对某些体育教材内容采用"逆向"教学方法，往往能很好地激发学生的学习热情和求知欲，从而尽快地学习与掌握动作技巧。

所谓逆向教学法，是指在分解法教学中把完整动作合理地分成若干个部分，设计其教学方法，由后向前进行体育教学，或者把成套的体操动作或健美操动作分成若干个动作或联合动作，同样由后向前进行教学，或从中间开始教学，一半是采用逆向教学方法，一半是采用顺向教学方法，然后再过渡到完整法教学。在体育教学中，采用"顺向"教学方法较多。例如，在教跳高技术动作时，教学顺序是"助跑—起跳—过杆—落地"。这种循章守法的体育教学方法有时会使学生感到乏味，甚至还会压抑学生的学习热情。有时当你在大讲助跑要领时，他们的心已在跃跃欲试了，这时如果采用"逆向"教学方法来满足学生的学习欲望，因势利导，会更利于集中学生的注意力，提高学习的积极性，更快地掌握动作技巧，起到良好的教学效果。体育教师在示范背越式跳高时，学生看得最清楚，印象最深刻，他们最羡慕的是"过杆"动作，这时采用顺向教学方法会造成学生对学习助跑、踏跳不感兴趣，动作马马虎虎，因为在他们头脑中总是放映着过杆动作的画面，"不合心愿"的干巴巴的动作会影响学生的学习热情，降低兴奋性，体育教师尽管费力教学，但最终易造成学生背越式跳高动作的掌握不理想。而采用逆向教学方法，学生的学习气氛就会截然不同。先让学生学习原地的"过杆"动作，此时学生的学习情绪会十分高涨，争着试跳、体验，当教师指出他们的错误、缺点时，学生听起来也特别"顺耳"，纠正错误的效果也格外好。当准确掌握过杆动作后，体育教师再启发式地引导学生练好助跑和起跳，并结合力学知识启迪学生，这样，对前一动作学习的兴趣和干劲就会转移到后一动作的学习，学习效果会既好又快。

采用逆向教学法时，要认真研究分析体育教材特点，并深入了解学生对体育教材内容学习的各种心理活动，充分利用积极的心理因素，上好每堂体育课。诚然，一些体育技术动作中的衔接技术有着承上启下的作用，必须有前面的环节技术支撑才能和后面的环节技术衔接起来，这种情况就必须按照顺向步骤进行教学。

逆向教学法在体育教学实验中能收到很好的教学效果，它能改变我们对体育教学方法的思考，转变我们的惯性思维和循规蹈矩的思想。无论顺向还是逆向，都要以教学实际为前提。

第二章 高校体育教学方法选择应用与发展改革

在体育教学过程中，教师选择的体育教学方法对学生学习兴趣的激发、体育教学目标的完成、体育教学的实际效果等均产生重要影响，所以发展和改革体育教学方法尤为重要。本章从体育教学方法的选择与应用、高校体育教学方法的发展与改革方面进行解析，进而对体育教学方法进行多维度、深层次的阐述。

第一节 体育教学方法的选择与应用

一、体育教学方法的选择

（一）选择体育教学方法的依据

1. 体育教学目标

体育教学目标的主要特征之一是多层次性，身体发展目标、技能发展目标、知识发展目标、社会发展目标和情感发展目标等是体育教学目标的不同层次。为了实现不同的教学目标，应采用不同的教学方法。在体育教学中教学目标并不是孤立的，它是多种目标的综合，而每一单元、每一堂课目标的侧重点是不同的。因此，在教学过程中应根据具体的课堂教学目标重点选择某一种教学方法。课时教学目标是体育教学总目标的具体化，这一目标具有很强的指导性。它既有相应的运动技能和运动理论方面的知识，也有心理和品质品格方面的内容，针对这些不同的教学目标，应选择与之匹配的教学方法。

2. 体育教学内容

体育教学的内容与教学方法之间关系密切，如对一些技术动作教学内容应采用主观示范操作的方法，而对一些原理和知识结构方面的内容则应注重运用语言法进行讲解，不同性质的体育教学内容应采取相应的教学方法。每一种教学方法都是为了实现一定的目标，方法不同，效果也会有差异。因此，在体育教学过程中应注重教学方法的灵活性。

3. 体育教学环境

教学环境对教学方法的选择产生重要的影响。教学环境包括场地器材、班级人数、课时数等，同时，外界的社会文化环境也对教学环境产生重要的影响。教学环境也必然会对教学方法产生制约作用。例如，一些直观教学方法需要借助一定的教学器材才能实现相应的教学目标，学校的体育教学资源在一定程度上对教师采取的教学方法具有决定作用。教师在体育教学过程中应充分利用现有的教学环境，选择合理的教学方法，最大限度地利用现有的场地、器材等条件。

4.学生的实际情况

在教学过程中，教学方法的实施对象是学生，采用多种教学方法的最终目的是促进学生更好地学习。因此，在选择相应的体育教学方法时，应与学生的特点及实际情况相符。学生的实际情况包括年龄特点、性别特征、身心发育状况以及相应的知识储备和学习能力等。

学生处于不同的年龄阶段，其身心发展过程也具有阶段性的特点。对于大学生而言，低年级学生和高年级学生的身心发展特点会表现出鲜明的差异性。另外，男女性别上的差异也会导致其对体育的不同态度，对此，应采取合适的方法，充分调动学生学习的积极性。学生的经验和知识储备以及相应的学习能力也是教师选择不同教学方法的重要依据。对于知识储备量较为丰富、已经掌握了基础知识技能、学习能力较强的学生，教师可采用合理的教学方法促进这部分学生的技能水平向着更高的水平发展。

5.教师的自身素质

体育教师是各种教学方法的实施者，其自身的素质对于教学活动的效果产生重要的影响。体育教师如果能力和素质不合格，将不能发挥好教学方法的作用，对教学活动产生消极的影响。因此，教师在选择相应的教学活动时，应首先提升自身的专业素养及能力水平。

通常情况下，体育教师掌握的教学方法越多，则越能根据自身和学生的实际情况选择最佳的教学方法。不同教师根据学生实际情况采取同样的教学方法，也会得到不同的教学效果，可见教师自身的条件也极大地影响着体育教学活动。因此，教师要有提高认识自身素质与教学风格的意识，并通过积极的学习提高自身素质，尝试和掌握更多的教学方法。

（二）选择体育教学方法的要求

1. 一般性要求

相关研究表明，在对体育教学方法进行选择与匹配时，应当考虑并达到几个方面的一般性要求：第一，体育教学方法必须符合教学规律原则。第二，体育教学方法必须符合体育教学的教学目标。第三，体育教学方法必须符合体育教学内容的具体特征。第四，体育教学方法必须符合学生学习的条件；第五，体育教学方法必须符合教师实际的条件。第六，体育教学方法必须符合学校的教学条件，并且具备较为显著的功能与效果。

2. 具体要求

（1）体育教师要全面了解各项体育教学方法，倘若体育教师对各项教学方法没有深层次的掌握，选择就无从谈起。教师在了解体育教学方法时，不仅要了解动作技能形成的方法，还需了解传授体育知识的方法。另外，也需要了解发展学生个性、开展思想品德教育以及锻炼身体的方法等。教师只有全面了解与掌握多种体育教学方法，才能依照体育教学的实际要求，选择富有针对性和实效性的教学方法。

（2）教师要遵循多中选优的原则，因为各项体育教学方法均有其自身的优势与劣势，均有其自身的独特性能，且没有任何一种体育教学方法是万能的。因此，教师在对体育教学方法进行选择时，必须达到全面了解与掌握体育教学方法的要求，才能结合体育教学的实际状况，在众多体育教学方法中选择出最能发挥独特性能的教学方法。为了真正达到多中选优的要求，所有体育教师均需建立一个具有个性化特征的教学方法"仓库"，以体育教学方法的具体性能为主要依据，将其编成系列（如将其编成卡片），将性能相同或者相近的体育教学编成一类，当教师需要适宜的教学方法时即可从中选取。

（3）教师要采用比较的方式，从中选优。不同的体育教学方法能够实现相同的目标，至于哪种教学方法的效果更佳，则需要教师对具体教学方法进行多方面比较，从而达到从中择优的目的。教师可以对每一小类或者每一类体育教学方法对学生理论知识的掌握情况、运动技能、身体素质水平、自身个性的发展情况、思想品德和行为习惯的培养等进行认真分析与比较，充分考虑特定体育教学方法的适用范围和适用条件，对教师和教学环境的具体要求等展开综合比较，逐级筛选，最终作出最为恰当的选择，为高效运用体育教学方法奠定坚实的基础。

（三）选择体育教学方法的注意事项

1.注意师生之间的协调配合

在体育教学过程中，教师和学生的默契配合是取得良好教学效果的重要保证。教学活动不存在没有"教"的"学"和没有"学"的"教"。因此，不管是何种教学方法，都应考虑到"如何教"和"如何学"两个方面的问题。

在传统体育教学过程中，片面强调以教师为中心，教学方法只注重"如何教"的问题，而学生在教学过程中的作用则被忽略了。例如，教师在动作示范时，只考虑动作的优美和协调性，没有考虑学生的感受，学生的学习效果就不佳。因此，体育教学方法应考虑师生双方的协调配合，避免脱节。这样才能取得良好的教学效果。

2. 注意学生内部与外部活动的配合

学生的学习过程是内部活动和外部活动的综合体现，内部活动是学生的心理活动以及相应的生理生化反应等；外部活动则是其动作质量、情绪、注意力等。首先，在选择相应的教学方法时，应注重两者之间的配合。其次，在选择相应的教学方法时，教师应善于分析学生的内外活动变化，指导学生的外部活动，激发学生的内部活动，以促进学生主动积极地参与体育学习。最后，在选择体育教学的方法时，还应对多种教学方法进行对比分析，从而确定最佳的教学方法。在教学过程中，应明确不同的教学方法适应什么样的教学内容，能够解决什么样的教学问题，能够对什么样的教学对象起到更好的作用等。

3. 注意不同学习阶段的前后配合

学生在学习过程中在不同的学习阶段会表现出不同的特点。体育教学方法应考虑到学生学习知识的不同阶段的相互配合。例如，在动作学习过程中，应注重"模仿型"向"创造型"的过渡，并实现二者的有机结合。

学生的学习过程是由不了解到熟悉的过程。在学习的初始阶段，通常以模仿（模仿教师或他人）学习为主，之后，学生就会形成动作定式而完全摆脱模仿，从"模仿型"过渡到了"创造型"。这两个阶段之间既具有一定的联系，又相互区别。因此，在运用教学方法时既要防止两者之间的互相代替，又要防止两者之间的割裂。

二、体育教学方法的运用

（一）体育教学方法的优化组合运用

1.优化组合运用的原则

（1）最优性原则

不同的教学方法其特点、功能和应用范围都会有相应的差异性，各教学方法都有其优缺点。因此，在对教学方法进行组合运用时，会形成不同体系的综合教学方法，每一套教学方法都有其鲜明的特点。教师在进行教学方法的优化组合时，应根据实际情况，选择一套最符合实际情况的方法。教师应从整体入手，将各种教学方法进行有机结合，充分发挥教学方法体系的整体功效。

（2）统一性原则

统一性原则要求教师在选择相应的教学方法时应注重"教"与"学"的统一，使两者之间密切结合，相互促进。如果只强调其中的一方面，教学并不会取得良好的效果。另外，统一性原则还要求，在教学过程中应将教学方法的多种功能充分地发挥出来，促进学生素质的全面发展。

（3）启发性原则

不管是何种形式的教学方法，都应该能够更好地调动学生的积极性和自觉性，促进学生积极思考与探索，全面提高学生的自身素质。在体育教学活动中，应注重学生兴趣和动机的培养，挖掘其自主思维和学习的意识。

（4）创造性和灵活性原则

在选择体育教学方法时，应注重发挥教师和学生的创造性。应对教学方法进行积极的改进和创新，使其更加适用于教学实践活动，使教学方法的功能最大化，取得较好的教学效果。教师要对教学方法进行不断的发展和创新，才能提高教学水平。

教学活动是一个动态的过程，教师在课前设计的教学方法可能在具体的教学实践中面临多方面的问题，这就需要教师灵活应变，根据教学实际，对所选的教学方法进行灵活的、创造性的运用。

2.体育教学方法优化组合的程序

（1）进一步明确体育教学任务

选择不同的教学方法要以教学任务和教学目标为主要依据。因此应将一节课的具体教学任务进行分析和细化，制定出相应详细的任务规划。

（2）结合实际情况对教学任务、教学内容、学生的具体情况以及教学的外部情况等进行分析，对相应的教学方法进行评估。在提出教学的总体设想时，应将教学方法的可行性和适用性充分考虑进来。

（3）对多种体育教学方法加以优化组合，制定教学方法的具体方式及细节表，并对其不完善的地方进行相应的补充。在此基础上，将优化组合后的教学方法应用于具体的教学实践。

（4）在优化组合的教学方法实施与评价的过程中，应对教学方法产生的效果进行跟踪，通过学生反馈的形式了解具体情况。对教学方法的反馈信息进行归纳和研究，并对教学方法作出相应的调整。通过总结经验和教训，促进教学方法的不断优化。

（二）常规体育教学方法的具体运用

常见体育教学方法主要有语言教学法、直观教学法、完整教学法、分解教学法、预防与纠错教学法，具体运用如下：

1. 语言教学法

语言教学法即教师通过对学生进行语言指导，从而达到相应的教学效果的方法。教师正确、简明、形象地使用语言，对于学生的学习和教学任务的完成具有重要意义。正确使用语言，不但能够使学生更好地理解学习目标和任务，还能够促进其掌握相应的知识和技能。由此可知，在体育教学过程中，教师应注重语言法的运用，注重语言的技巧。语言法的运用形式有讲解、口头汇报、口头评价以及口令和指示等。

（1）讲解法

讲解是指教师将相应的动作要领、方法和规则要求等知识向学生进行说明，目的在于更好地指导学生学习和掌握相应的运动技能，讲解法是较为常用的教学方法，在运用时应注重以下几个方面的问题。

首先，要明确讲解目的，根据教学目标、教学内容和学生特点进行讲解。在讲解过程中，应调节语速、语气，抓住重点和难点，具有一定的目的性和针对性，做到层次鲜明。

其次，应注重内容的正确性，不管是具体的工作原理还是相关的基本知识，都应做到准确无误。另外，讲解的方式要与学生的学习情况和学习能力相适应，使学生能够更好地接受知识。

再次，为了更好地使学生掌握技术动作，讲解要做到生动形象、简明扼要。具体而言，在讲解过程中应注重将新的技术动作和知识内容与学生已知的内容联系起来。另外，教学时间有限，学生的注意力集中程度也会随着学习时间的延长而有下降，因此应抓住重点，言简意赅。

从次，在内容讲解过程中，知识体系和动作技术不能割裂开来，要注重启发学生的发散性思维和创造性思维，使学生能够触类旁通、举一反三，更好地理解相关的知识，达到学以致用的目的。

最后，还应注重讲解的时机和效果。在讲解相应内容时，首先应选择合适的站立位置，确保每个学生都能够听清相应的内容。此外，教师应充分调动学生的好奇心和积极性，提升教学效果。

（2）口头汇报法

口头汇报是教师了解教学效果的一个重要方法，这种方法要求学生根据教学需要，向教师表述学习心得和有关教学内容和疑难问题等。通过学生的口头汇报，使教师明确自身在教学过程中的不足，为教师提高教学水平提供依据。对于学生而言，口头汇报不仅能够培养语言表达能力，还能够促进积极的思考，加深对教学内容的理解。

（3）口头评价法

口头评价同样是一种重要的语言教学方法，对学生动作的完成情况以及课堂表现给予相应的口头评价，能够更好地促进学习。

口头评价包括积极的评价和消极的评价。积极的评价即对学生的正面鼓励；消极的评价则是否定性的评价，教师应注意语气。

（4）口令、指示法

在体育教学过程中，需要借助多种口令和指示，如"立正""跑""转体"等。这些语言简短有力，能够很好地指导学生进行相应技术动作的学练。需要注意的是，运用口令和指示法时，应注意把握时机和节奏，否则会造成学生动作不协调或出错。另外，还应注意发音洪亮有力，激励学生跃跃欲试。

2.直观教学法

直观教学法是体育教学中较为常用的一种方法。通过相应的直观方式作用于人体的感觉器官，引起相应的感知，从而实现体育教学目的。在实践过程中，人们认识事物都是首先从感觉器官的感知开始的，因此，直观教学法能使学生更易于理解相应的教学内容。直观教学法主要包括动作示范、条件诱导、多媒体技术、直观教具与模型的演示等。

（1）动作示范法

动作示范是指教师利用示范动作帮助学生掌握技术动作的形象、结构和要领的基本方法。通常，在进行动作示范时，教师可亲自进行示范，也可指导学生进行动作示范。动作示范应注重以下几个方面的问题。

首先，动作示范应具有一定的目的性。如果是为了使学生了解动作的基本形象，示范动作可稍快；如果动作示范是为了使学生了解相应的动作结构，并引导学生进行学习，则动作要稍慢，且可略夸张；如果是示范相应的重点和难点动作，可多次示范。

其次，示范动作一定要避免对学生形成误导。在进行相应的讲解时，不仅要注重内容的正确性，还要体现出教学内容的特点，并与学生的学习能力相适应，提高学生的学习兴趣。

再次，动作示范应使全体学生都能够看到。因此可使学生呈圆圈形站立或是错位站立。

最后，动作示范一般会配合相应的讲解，使学生能够更好地理解。可采用先示范后讲解、边示范边讲解和先讲解后示范等方式。

（2）条件诱导法

条件诱导法也是较为常用的一种教学方法，以某种条件为诱因，并与相应的动作建立联系，从而达到预期的教学目的。例如，通过音乐伴奏和喊节拍的方式，形成一定的动作节奏感；通过简单的语言提示使学生的动作协调流畅。除此之外，也可设置相应的视觉标志，指导学生进行相应的动作方向和运动轨迹及幅度等方面的操练。

（3）多媒体技术法

在运用电影和电视、录像等多媒体技术时，应注意播放内容要与体育教学目标相适应，教师应结合电影和电视、录像讲解示范练习。多媒体技术在教学过程中普遍运用，体育教学也要合理利用好这项技术。

（4）直观教具与模型演示法

在体育教学过程中，对于一些高难度的动作可采用图表、照片和模型等直观方法进行辅助教学。通过运用这些教学工具使学生理解相应的技术结构和动作。此外，一些战术配合也常采用模型演示的方式进行讲解。

3.完整教学法

完整教学法指的是从动作开始到结束，完整地进行教学和练习的方法。一般在技术动作的难度不是很高或技术动作不可进行分解时会采用完整法进行教学。另外，在首次进行动作示范时，也会采用完整法来进行动作技术形象的示范。完整法的优点在于动作协调优美、结构简单、路线变化较小，各环节之间联系密切。对于一些复杂的动作，其缺点在于这种方法会给教学带来一定的困难。

为了便于学生学习,更好地开展教学活动,应注重几个方面的问题:首先,在讲授简单和易于掌握的动作技术时，教师可以先进行完整的动作示范，示范之后，学生直接完成完整的动作练习。其次，有些技术动作无法分解时要采用完整教学法，需要注意的是，在采用这种方法时，要对其中的各项要素进行必要的分析，但不能拘泥于动作的细节，要从整体上进行把握，确保动作的完整性和流畅性。再次，对于一些复杂动作，可适当降低难度，徒手完成相应的动作，在此基础上逐渐增加难度；最后，采用完整法进行教学时，可适当改变外部环境，在外力条件的帮助下完成完整动作。

4.分解教学法

分解教学法即将完整的动作划分为几个部分，逐步使学生掌握完整的动作技术要领。这种方法适用于难度较高、动作可分解的运动项目。这种教学方法能将复杂的动作分解为简单的动作，从而使技术难度降低，有利于学生的学习和掌握。这种方法的缺点是它注重局部动作的分解把握，学生可能在一定程度上对于整体的理解不全面。因此，分解教学法和完整教学法通常联合使用。

在运用分解法进行教学时，需要注意的是：第一，应仔细分析动作技术的特点，采用合理的方式对其进行分解，注重时间、空间的有序性和统一性。第二，将完整的技术动作分为多个环节时，应注重各个动作结构各个环节之间的联系。第三，在熟练掌握各阶段的动作之后，要注重各个环节之间的动作衔接，要保证其过渡的流畅性，形成有机的整体。

5. 预防与纠错教学法

为了防止和纠正学生在练习过程中可能出现的错误动作，教师在教学过程中经常采用预防与纠错教学法。学生对于动作技术的掌握不当或出错是不可避免的，教师应正确对待，并注意进行有意识的引导和纠正。

预防和纠错是相互联系的。预防具有一定的超前性，要求对于可能出现的错误动作进行积极的引导，对出错的原因进行分析；纠错具有鲜明的针对性，针对学生的错误动作采取相应的纠正措施，并分析原因。预防与纠错方法有以下几种形式。

（1）语言表述法。为了使学生建立起正确的动作概念，应注意动作细节与要点描述的准确性，使学生能够明确理解各种技术动作的标准和结构顺序。

（2）诱导练习法：为了使学生的动作准确无误，可采用诱导教学法，使学生达到相应的教学要求。例如，学生在做肩肘倒立时腰腹部不能挺直，针对这种情况，可在垫子上方悬一吊球，让学生用脚尖触球，这样，学生就可以挺直腰腹部了。

（3）限制练习法。在进行相应的动作练习时设置一定的限制条件有助于纠正错误的动作。例如，在投篮练习时，为了使学生投篮动作更协调、标准，可站在罚球线练习投球，使学生掌握正确的投篮方式。

（4）自我暗示法。在进行相应的动作练习时，为了保证动作的准确性，学生有意识地暗示自己达到要求需要的方法。例如，在进行投篮练习时，学生可暗示自己投篮时手指、手腕的动作要标准，动作力求准确无误；再如，在奔跑练习中要暗示自己注意后腿充分蹬地等。

（三）运用体育教学方法的注意事项

1. 注意体育教学方法效果的影响因素

在合理应用体育教学方法时，为了取得良好的教学效果，体育教师要加强与学生之间的协调配合。在体育教学实践活动中，教学方法产生的效果受体育教师的知识储备、人格魅力以及教学技艺等方面的影响。因此，提高教师的整体素养对于教学效果将会产生积极的影响。

需要强调的是，体育教学是教师与学生之间的双向互动，学生因素对于教学效果也产生重要的影响。同时，学生能动性的发挥对于教学效果的影响不可小觑。例如，当学生没有兴趣参与体育课教学时，就会在课堂上注意力不集中，即使教师的讲解正确、生动、形象或示范动作准确、协调、优美，学生依然没有积极性。因此，只有兼顾好教和学，才能顺利完成教学任务。

除了教师与学生两个因素，体育教学效果还会受到体育教学物质条件和环境的影响。例如，在进行篮球运动教学时，如果是在较为干净的室内塑胶场地上，学生在奔跑和起跳时的心理状态与在水泥地面上是不同的，在室内塑胶场地上，当学生起跳落地时，可以做出相应的保护性动作，能够有效避免受伤。因此在强调教学主体主观因素的同时，也不可以忽略物质和环境等客观因素。

2.注意体育教学方法相关理论的运用

教学理论源于实践，高于实践，是科学总结体育教学实践的结晶。因此，体育教学既要注重实践，又要注重理论探索。

体育教学的理论基础如下：其一，辩证唯物主义与唯物辩证法的基本观点。其二，系统论原理。其三，教育学、心理学等与体育教学相关的学科理论知识。其四，普通教学论和体育教学论。其五，对当代各学科的先进理论成果进行借鉴和吸收，创造性地应用相应的理论和方法。从整体角度分析，应用新观念、新理论指导体育教学工作，不断对体育教学的方法进行创新，并充分发挥各种教学方法的效用是我们责无旁贷的历史使命。

第二节　高校体育教学方法的发展与改革

一、高校体育教学方法的发展历史

高校体育教学方法的发展历史主要分为体操和兵操时代、竞技运动时代及体育教育时代，各个时代的发展历程如下。

（一）体操和兵操时代

在传统社会，体育运动发展的推动力是军事战争。在封建社会和资本主义社会的早期，为了增加士兵的作战能力，士兵会进行相应的体育训练。这时的体育教学方法主要以训练式和注入式为主，较为单调。训练式和注入式的教学方法偏重于大运动量的不断重复，通过苦练增加人体的运动记忆并不断增强体能。

（二）竞技运动时代

自近代以来，随着资本主义社会的不断发展，竞技运动也得到了快速的发展，竞技运动项目逐渐增多。竞技运动以公平、平等等思想为指导，并且融入了众多的文化因素，充满生机和活力。竞技运动要求运动员具有高超的运动技能，而非一味地苦练，因此，体育教学方法的改进成为必然的趋势。这一阶段，教学效率明显提高，出现了一些新的教学方法，如演示法、观察法以及小团体教学法等。

（三）体育教育时代

现代体育得到了很大的发展，并且成为学校教育的重要组成部分。体育成为一种文化现象，其内容也得到了极大的拓展，涉及健康教育、心理训练、安全教育、体育咨询、体育培训等，体育的知识和技能不断更新。人们针对体育教学内容、方法的研究也逐渐深化。体育教学不但要使学生掌握相应的体育知识和技能，还要促进学生的全面发展，使其身体素质、心理健康、运动欣赏能力等方面都得到相应的发展。随着科技的进步，一些新的教学方法也随之出现。计算机、录像、电影等多媒体技术使运动表象和感知等有了强大的支撑力，体育教学方法更加科学、规范，并向着更高层次发展。

需要强调的是，新教学方法的出现并不意味着传统教学方法的消失。在不同的历史时代，会出现与这一阶段的生产力和科学文化发展相适应的体育教学方法。这些新的体育教学方法与传统体育教学方法相互结合、相互借鉴，共同促进了体育教学的发展。体育教学正随着教学环境、教学对象和教学内容的不断变化，呈现出不同的阶段性特征。

二、高校体育教学方法的发展特征

（一）科技进步促进了体育教学方法的创新

科学技术发展迅速，在不断丰富和方便人们日常生活的同时，在各个领域也发挥着重要的作用。在体育教学中，科学技术的进步对其教学方法的影响是极其深远的。计算机技术在体育教学中迅速得到普及，使得体育教学中的动作示范更加标准、科学，资料的收集、整合更加便捷，并且减少了学生在学习空间和时间方面的限制，实现了实时信息沟通，通过运用计算机进行动作示范，能够从不同的侧面，以不同的速度，对不同部位的动作进行细致的分析和研究，使得传统的讲解示范等方法更加科学、高效。

（二）体育教学内容的变革促进了教学方法的变革

为了适应时代的发展，满足学生的体育需求，体育教学的内容处于不断的发展和变革之中，也导致了体育教学方法的变革。例如，随着定向运动和野外生存运动引入体育教学，体育教学活动的野外训练和教学手段也更加广泛。

（三）体育教学理论的发展促进了教学方法的完善

体育教学理论的发展有利于体育教学方法的创新与进步。在新的体育教学理论的指导下，体育教学的新方法与传统的体育教学方法遥相呼应、并驾齐驱。传统的体育教学方法是"以不变应万变"。如今，"领会式教学法"正应运而生。

（四）学生的个性发展促进了体育教学方法的改进

学生的个性特征主要体现在以下几个方面：第一，随着知识的积累，学生的认识能力逐渐增强。第二，随着时间的变化，学生的身体逐渐发育强壮。第三，伴随着知识和阅历的丰富，学生的个性越来越强，并形成了相应的价值观念。此外，社会的文化价值观念对学生也会产生显著的影响。体育教学的方法必须随着学生各方面的变化进行适当的调整。

三、高校体育教学方法的发展趋势

现代体育教学经过长期的磨炼，已经成为一门较为成熟的学科及具有自身特色的教法体系，其发展趋势主要体现在以下几个方面。

（一）现代化趋势

体育教学现代化主要是教学设备的现代化，通过采用先进的技术手段，使教师更容易地开展教学活动并深刻了解学生的身体素质，以便更精准地制定运动训练的负荷量，教学管理也更加便捷。随着现代社会的发展，体育教学方法也必然呈现出现代化的发展趋势。

（二）个性化与民主化趋势

在传统的教学中，教师是教学的主体，具有很强的统治性，忽视了学生个体之间的差异性。而发展个性是体育教学方法发展的必然趋势。个性化的教学方法改革与创新是新时代的历史使命。教学过程中的民主意识与民主化的体育教学方法也是当代体育教师必须研究的重要课题。

（三）心理学化趋势

心理学认为，学习是一个复杂的心理过程。在体育教学过程中，学生学习既涉及知识的储备，也有动作技术的记忆。心理学的研究发展帮助人们认识了学习的过程，在教学实践中，心理学的相关理论也逐渐受到重视。很多心理学的研究成果将会进一步得到应用。此外，体育教学还肩负着培养学生良好意志品质、促进学生心理健康等方面的重要责任，心理学理论能够助力达到教学目标。

四、高校体育教学方法存在的问题

（一）教学方法单一化

现阶段，许多高校体育教师在相对落后的教学思想观念的影响与制约下，在教学活动实践中，常常存在使用单一教学方法的问题。部分教师依旧将传统体育技术的传授作为主要教育目的，采用讲解、示范以及练习等传统落后的教学方法，其教学效果可想而知。传统的体育教学方法确实存在多方面的问题与劣势，有很大完善与改进的空间。

在新形势的大背景下，高校体育教学的任务和目标发生了很大变化。传统体育教学方法已经无法适应高校体育教学任务的具体要求。因此，体育教师要积极转变教育观念，主动继承与发扬传统体育教学的优势，尽力创新高校体育教学的方式与方法，更好地服务于高校体育教学的实践，推动学生身心的全面健康发展。

（二）实际效果不够显著

众所周知，高校体育课程教学纲要主要是对原有体育课程教学的进一步深化、拓展与改革。高校体育课程教学改革的一项重要内容与任务是创新。很多教师在开展体育教学活动的过程中努力创新、狠下功夫、狠抓落实，尝试了很多创新性的教学方法与手段，这一举措对高校体育教学改革产生了重要的推动作用。然而，我们还需清晰地认识到，体育教学改革依然存在很多问题，某些教师过度重视课程形式，不重视或忽视课程实际效果，甚至还有些教师为展现全新的教学理念，将部分高、尖、精的体育教学设备运用在高校体育课堂中，尽管起到了让学生眼前一亮的效果，但因为操作不便，使得体育教学设备的实际效果大幅度降低。

此外，规范化体育技能教学导致部分教师单方面重视与追求对体育运动技能的系统性和完整性教授，严格要求学生对体育动作的各个环节加以理解与掌握，却忽视了对学生创新能力、观察能力、信息收集能力、分析能力以及自学能力等多方面能力与素质的培养，造成了高校体育教育为技术而教的局面。

（三）学生主体意识不强

长期以来，在开展具体体育教学活动的实践过程中，常常实行以教为主、以学为辅或者教师教、学生学等较为传统的教学模式。尽管在部分教学内容与教学环节上见到了一定成效，然而，传统教学方法在调动学生积极性和创新学习方面还有很大的改善空间。此外，部分高校体育教师只重视学生共同特征，忽视学生的个体差异，而健康的个性特征才是关键。因此，体育教师要针对学生的不同情况，激励和鼓舞学生形成和发展自身的个性特征。

当然，问题和困难总是广泛存在于高校体育教学过程中的，因人而异的教学策略也着实会给体育教学带来一定的难度，尤其是在班级人数多、场地面积小、设备器材有限的情况下，发展学生个性的难度系数更高。但无论如何，个性化教育一定是未来体育教育的目标。

五、改革高校体育教学方法的对策

（一）避免教学方法一成不变

现阶段，高校体育教师要大胆摒弃有碍学生发展的落后的教学方法，从根本上改变传统体育教学过度重视技能的灌输式教学方法，要从实际出发，彻底打破传统格局，结合学生的兴趣爱好，主动创新出能够对学生发展产生积极影响的体育教学方法，尽可能向学生提供良好的学习环境和学习氛围，持续不断地激发学生的学习兴趣，使体育教学活动的整体质量和效果得到质的提高，帮助学生养成独立思考、独立分析、积极实践的良好习惯，从根本上实现学生全面健康发展。

（二）积极培养学生的创新意识

高校体育教学方法的重要策略是培养学生的创新意识。第一，创新思想认识，将娱乐体育与健身体育相结合，这不仅是推动高校体育教育观念转变的重要体现，也是现阶段高校体育教学的根本任务。第二，要不断创新体育教学内容，教师在选择体育教学内容时要选择有利于学生全面健康发展和激发学生学习兴趣的内容，变枯燥乏味的教学内容为生动有趣的教学实践。第三，不断创新教学方法，教师要结合学生的实际需求，采用启发式教学方法引导学生积极思考、独立解决问题，充分调动学生的学习主动性。高校体育教师可运用发现式教学方法培养学生发现、思考以及分析问题的能力，还可以运用学导教学方法推动学生主动参与学习，锻炼和培养学生的主观能动性，使学生养成终身锻炼的良好习惯。

（三）促使学生全面健康地发展

促使学生的全面健康发展已经成为高校体育教学的客观要求，体育教师在开展体育教学活动的过程中，要以学生的实际情况为依据，努力寻找与学生发展特征最为符合的发展方向，让每位学生在体育活动中都能够有所收获。

高校体育教师要将学生的实际情况作为立足点，将学生今后的发展作为着眼点，为学生的全面健康发展奠定良好的基础。体育教师要教会学生做人，密切结合求知、审美、健体、劳动以及娱乐，把学生所学的理论知识和生活实践密切联系在一起，让课内教育与课外教育相结合，推动实现多方面的和谐统一，实现学生全面健康发展的最终目标。

（四）重点强调教学活动的有机统一

从本质上来说，体育教学活动是一项互动的活动，倘若只有教师的独角戏而没有学生的积极配合，则不能称为完整意义上的体育教学活动。反之，只有学生没有教师的体育教学活动，其教学效果同样失败。要想取得理想的教学效果，体育教师要认真处理好自身与学生、教材、内容、手段等方面的相互关系。教师和学生必须协调一致，才能达到教与学的统一。

创新体育教育不仅是一项高校教育政策措施，也是实现高校体育教学方法创新的内在要求。随着社会的发展，学生对体育教学的要求也发生了变化。现阶段，现代信息技术的推广为学生学习体育知识提供了更加广阔的平台，延伸和拓宽了高校体育教学活动的范围。体育教师要以教学实际为重要依据，主动研究和创新，大胆采用先进的教学方法，为学生创造良好的学习氛围，使学生的需求得到满足。

第三章　体育教学方法创新的视角

体育教学方法创新是由体育方法学引申出来的适用于体育教学改革范畴的新概念。体育教学方法创新是以现代教育教学理论为指导，以体育教学实践为基础，在批判地继承体育教学方法的基础上，改革创立出新颖的教学方法，从而使教学对象能够更快地、高质量地掌握运动技术技能，使教学对象的学习更富有创新意识和创新思维，激发学生的学习兴趣、求知欲和创造力的活动过程。

第一节　体育教学方法创新的科学发展观视角

科学发展观是我国四十多年来改革开放和现代化建设实践经验的总结和升华，是我们党执政理念的一次重大飞跃，作为社会主义现代化建设的指导思想，科学发展观为指导新时期高校体育教育工作提供了强大的思想武器。

一、科学发展观的内涵及精神实质

科学发展观顾名思义就是"科学的、关于发展的观念"。所谓科学就是正确的、符合客观事物发展规律的、被实践证明了的真理。所谓发展在唯物辩证法看来就是一种向前的、上升的、进步的运动和变化。唯物辩证法认为，发展的实质是新事物的产生和旧事物的灭亡，新事物代替旧事物的过程，即事物由小到大、由简单到复杂、由低级到高级的变化过程。所谓发展观，是关于发展的本质、目的、内涵和要求的总体看法和根本观点，是一个国家在发展进程中对"发展"及"怎样发展"总的和系统的观点和看法，对一个国家的发展道路、发展模式和发展战略具有根本性和全局性的作用。

（一）科学发展观的第一要义是发展

我们所处的时空是瞬息万变的。科学发展观的基础是发展，没有发展就没有科学发展观。离开了发展，科学发展观就成了无源之水、无本之木。科学发展观揭示了发展是解决所有问题的关键，是我们必须坚持的一个战略思想。科学发展观的发展是又好又快的发展，坚持科学发展观最根本的着眼点是要用新的发展思路实现发展。又好又快的发展是统一的整体，"好"与"快"互为条件，既相互促进又相互制约，不能把二者割裂开来和对立起来。又好又快，要求以好为前提，同时不能忽视增长的质量和效益，不能不惜浪费资源和破坏环境片面追求一时的高速度。科学发展观要求的发展不仅仅只是经济的发展，也是政治、经济、文化、社会、生态的全面发展。

（二）科学发展观的核心是以人为本

马克思主义认为先于人类历史存在的那个自然界是不存在的，人类实践活动是人类世界得以存在和发展的根据和基础。科学发展观确立的"以人为本"是马克思主义经典理论与我国社会主义现代化建设实践的完美结合。科学发展观坚持以人为本抓住"为了人、依靠人、尊重人"这个根本问题,把对科学发展的认识提高到新的水平。所谓以人为本,顾名思义即以人为社会发展的根本目的,把人的发展作为社会发展的价值评判。坚持以人为本,就要始终坚持人在社会生活中的主体地位,尊重人的首创精神,发挥人的积极性、主动性、创造性;就是要把实现好、维护好、发展好广大人民的根本利益作为党和国家一切工作的根本出发点和落脚点,从人民群众的根本利益出发谋发展、促发展,不断满足人民群众日益增长的物质文化需要;就是要以实现人的全面发展为目标,妥善协调各方面的利益关系,保障人民依法享有各项权益,维护社会公平正义,满足人们的发展愿望和多样性需求。

(三)科学发展观的基本要求是全面、协调、可持续

全面,是指各个方面都要发展,要注重发展的整体性;协调,是指各个方面的发展要相互适应,要注重发展的均衡性;可持续,是指发展进程要有持久性、连续性,要注重当前发展和长远发展的结合。

科学发展观要求的发展是人和自然的和谐发展,是经济、人口、资源、环境相协调的发展,是效益与质量相统一的发展,是人和社会的全面发展。要按照中国特色社会主义事业"五位一体"总体布局的要求,全面推进经济建设、政治建设、文化建设、社会建设、生态文明建设,促进现代化建设各方面的协调,促进生产关系与生产力、上层建筑与经济基础相协调,促进速度和结构质量效益相统一、经济发展与人口资源环境相协调,不断开拓生产

发展、生活富裕、生态良好的文明发展道路。

（四）科学发展观的根本方法是统筹兼顾

有学者指出，"统筹兼顾是中国化的马克思主义语言"。统筹兼顾，就是要总揽全局、兼顾各方，统筹谋划、综合平衡，把立足当前和着眼长远相结合，把全面推进和重点突破相结合。统筹兼顾是贯彻落实科学发展观的切入点和现实途径。要做到统筹兼顾，就是要坚持一切从实际出发，正确认识和妥善处理中国特色社会主义事业的重大关系，统筹改革发展稳定、内政外交国防、治党治国治军各方面工作，统筹城乡发展、区域发展、经济社会发展、人与自然和谐发展、国内发展和对外开放，统筹各方面利益关系，充分调动各方面积极性，努力形成全体人民各尽其能、各得其所又和谐相处的良好局面。

解放思想、实事求是、与时俱进、求真务实是科学发展观最鲜明的精神实质，是人类实践和认识的发展规律，也是马克思主义的发展规律，是一种思想方法，也是一种精神状态。科学发展观彰显了思想上的新解放、理论上的新发展、实践上的新创造，体现了时代性、规律性和创造性。

总之，科学发展观具有极其丰富的哲学内涵，其内部各要素之间是辩证统一的关系，要深刻、全面、准确理解科学发展观的内涵，必须将以人为本与全面协调可持续发展统一起来，要遵循以人为本的核心，明确科学发展观全面协调可持续发展的基本内容，将"以人为本"作为全面协调可持续发展的一种价值追求，使全面协调可持续发展成为"以人为本"的必然要求和实现条件。科学发展观作为一门科学，对新形势下实现什么样的发展、怎样发展等重大问题作出了新的科学回答，突破了过去把发展单纯理解为经济增长的局限，从满足人民日益增长的物质文化需求出发来思考和认识发展问题，可以说内涵极其丰富，它不仅涉及经济和政治方面，还涉及文化与社会的各个方面。

二、科学发展观对体育教学方法创新的重要指导作用

随着生活的不断现代化与高等教育的不断大众化，出现了许多新情况、新问题、新形势，如大学生的体质不断下降、肥胖率不断上升、"文明病"不断增多等，给作为以增强大学生身体健康为目的的体育教学工作带来了全新的挑战。应对新的挑战，体育教师还需要不断探索、与时俱进，与发展同步。科学发展观的提出为体育教学的新发展提供了坚实的理论基础，极大地丰富了体育教学的内涵，科学发展观是用来指导实践的，实践过程中出现的新问题新矛盾需要新的理论来指导。对体育教学而言，以科学发展观为指导，促进学生的全面发展，是体育教学创新的本质要求和客观选择。

科学发展观中包括的发展理念不但是推进我国经济社会全面发展的指导思想，而且对体育教学方法的创新具有重大指导作用。

科学发展观以其丰富的思想内容和严密的内在逻辑，全面、系统、与时俱进的科学理论体系为大学生体育教学提供了新的理论指导。加强和改进大

学生体育教学，首先要促进大学生的全面发展，以实现大学生的全面发展为目标，尊重大学生的主体地位，维护大学生的根本利益，提升大学生的思想政治素质、科学文化素质和身心健康素质，为大学生健康成才服务。其次要促进大学生的协调发展，统筹课内课外教学，统筹教书育人、管理育人、服务育人，统筹解决学生面临的各种实际问题。最后要促进大学生的可持续发展，要紧紧抓住制度建设这个重要环节，建立起既能立足当前，有效解决突出问题，又能着眼长远，保证工作不断推进的领导体制和工作机制。

科学发展观强调"科学"，一切从实际出发，尊重客观规律，充分发挥人的主观能动性和创造性。新时期体育教学方法的创新必须以科学发展观为指导，要在科学发展观的范围内实现体育教学方法的创新。用科学发展观指导体育教学方法的创新，要把握大学生身心发展变化的客观规律、把握各种教育因素的运动规律、把握大学生个体差异与群体特征等，以实现学生的全面发展为理想，坚持以人为本的价值标准，围绕"人的全面发展"的命题，以学生为主体，以满足学生全面发展的需要、促进学生的全面发展为目标，改革体育教学中存在的与人的全面发展不相适应的观念、内容和方式，牢固树立"学校教育，育人为本，德智体美，德育为先"的思想，注重"隐性教育"和"显性教育"的结合、"校内"和"校外"的结合、"课内"和"课外"的结合、专业课和理论教育课的结合以及理论与实践的结合，充分挖掘学生的创造潜能，最大限度地调动与发挥他们的主观能动性，追求学生的全面、协调、可持续发展，在坚持全面发展中突出重点、彰显特色，开创体育教学的新局面。

三、体育教学方法创新的科学发展观

马克思主义一贯高度重视教育的科学发展，把人的自由而全面发展作为未来社会发展的最高境界，认为教育是实现人的全面发展的"一种经济形态"和根本途径，强调要促进人的个性、能力、社会关系全面、充分的协调发展，强调人与自然、人与社会和人的内心的和谐。体育教学方法的科学发展观是科学发展观在体育教学中的具体体现和运用，是关于体育教学方法科学发展的本质、目的、内涵、基本要求和本质特征的总体看法与根本观点。

（一）"以生为本"是体育教学方法科学发展创新的本质和核心

人既是发展的目的，又是发展的手段。在教育的科学发展观视野下，以学生为本就是在体育教学方法创新的目的上要把满足学生的需要、促进学生的发展作为根本出发点和落脚点，把学生需要和学生发展作为体育教学方法创新的中心，把学生的幸福、自由、尊严、终极价值与体育教学联系起来，尊重和体现学生的主体性。

坚持"以生为本"必须牢固树立以学生为中心的教学理念，坚持"一切为了学生，为了学生一切，为了一切学生"的服务宗旨，既要做到教育学生、引导学生、鼓舞学生、鞭策学生，又要做到尊重学生、理解学生、关心学生、帮助学生。要把学生作为体育教学的出发点和归宿点，把促进学生的科学发展观贯穿到教学的全过程，围绕学生关注的问题展开教学，给学生以足够的思考空间，尊重他们的个性发展，充分调动学生的自主性，充分挖掘学生的潜力，使学生积极主动地参与体育活动。

坚持"以生为本"必须突出学生的主体地位。一是把学生看成是有主见、有思想、有感情的人，激发学生的主体意识。二是充分发挥学生的主动性和"三自"教育作用，引导大学生积极参与体育活动，引导大学生开展积极的自我教育、自我管理、自我服务，让学生在"三自"作用下实现身心的健康发展。

坚持"以生为本"要强化对大学生的人文关怀，深入学生、贴近学生、了解学生，开设和完善符合当前大学生特点和需要的体育项目，把体育教学与学生的热点问题、体育赛事等联系起来，激发学生的学习兴趣。

教师在课堂教学中要发挥自身的主导性，转变课堂角色，做学生的知心朋友，在师生之间建立起一种民主、平等、协商的关系，采取师生互动和生生互动的立体式多元化的教学方法，充分发挥学生的积极性、主动性和创造性，使教学活动能够在和谐、宽松的环境中展开。

（二）全面、协调和可持续是体育教学方法科学发展创新的目标

在科学发展观看来，社会是一个大的系统，衡量一个社会是不是发展，不应仅依据单一的经济指标，而应根据经济、政治、文化、环境等一系列综合指标，并依据各个子系统之间的协调程度。在教育的科学发展观视野下，体育教学方法的创新要实现大学生全面协调可持续的发展。大学生的全面、协调和可持续发展是大学生的能力素质、个性素质、社会关系素质的全面、

协调和可持续提升。

实现体育教学方法的全面、协调和可持续发展，要求体育教学要具备历史的扬弃性、现实的发展性、未来的前瞻性，用全面、协调、和谐的眼光、态度和思路处理体育教学中面临的各种问题，在满足当前体育教学目标的前提下，促进与其他学科的协调运作，持续长久地发挥自身应有的功能和发展力。体育教学的形式和内容在结构上应与体育教学的目标、任务、内容、途径、方法等因素构成一个相互联系的有机整体，在思想观念上要强调德智体相互渗透，强调全面育人，即管理育人、教书育人、服务育人、环境育人。

首先，要全面加强学生的素质教育，促进学生综合素质的全面协调发展。全面加强学生素质教育，要坚持教书与育人相结合，教育与自我教育相结合，注重培养大学生的人文素质、科学素质、身心素质等综合素质。

其次，要与时俱进、改革创新，通过建立健全科学、合理、有效的教育教学体制与机制，保证既能有效实现改革的近期目标与近期效应，又能推动改革长远目标与长期效应的持续发展，确保改革成效的持久发挥。

最后，要协调好体育教学中的各种关系，使之相互衔接、相互适应、相互促进、良性互动。以人的全面发展为标准和参照对象，对体育课的教学目标、教学体系、教学方法、教学效果等进行全方位的审视与思考，注重学生能力的培养，注重教学的科学化和艺术化，科学、合理、有效地进行体育教学。

（三）统筹兼顾是体育教学方法科学发展创新的基本方法

统筹兼顾是坚持科学发展观的根本方法，坚持统筹兼顾也是体育教学方法科学发展的基本方法。将统筹兼顾的基本方法贯穿于体育教学的始终，就是要总揽全局、科学筹划、兼顾各方，就是要逐步建立起开放的、多层次的运行机制，把握重点，做好各种方法、各种渠道的统筹。一是要统筹体育教学与其他各科教学的关系，实现德、智、体、美的全面、协调发展。二是统筹课内理论教学与课外实践活动教学，引导大学生学以致用。三是统筹解决思想问题与实际问题，提升大学生将相关动作技能理论应用于实际竞技攻防的能力。四是统筹先进性要求与广泛性要求，号召大学生中的优秀分子积极践行先进性要求，引导全体大学生分层次、分阶段地达到先进性的要求。

第二节 体育教学方法创新的终身体育视角

一、终身教育与终身体育

（一）终身教育

所谓终身教育，就是人们一生中接受各种教育的总和。把终身教育思想推广为一种国际教育思潮，其直接的推动者是联合国教科文组织，代表人物是法国著名教育思想家和成人教育家保罗·朗格朗。终身教育作为一种国际教育潮流，最初形成于20世纪50年代末60年代初的欧洲。1956年，法国议会在立法文件中首次使用了"终身教育"这一概念。20 世纪 70 年代以后，终身教育思想得到了世界的广泛共识。

1965 年 12 月，联合国教科文组织在巴黎召开国际成人教育会议，保罗·朗格朗以"终身教育"为题作了学术报告。他认为，数百年来一个人的生活被分成两半，前半生用于受教育，后半生用于劳动，这是毫无科学根据的。教育应在一个人从生到死的一生中持续，因此，要有一体化的教育组织。今后的教育应当随时能够在每一个人需要的时刻以最好的方式提供必要的知识和技能。

1969 年，保罗·朗格朗撰写了《成人教育与终身教育》。1970 年是"国际教育年"，联合国教科文组织集中讨论了终身教育问题，并计划开展至少 49 项工程，这些工程都直接与终身教育有关，或者考察其在识字教育和职业进修等领域的应用，或者将其应用于规划新的活动，或者试图阐明终身教育的理念。这一年，朗格朗集中阐述其终身教育思想的代表作《终身教育引论》作为专著出版。他在书中提出，"教育不应像传统观念那样，把人生分为两半，前半生受教育，后半生用于劳动，应该是每个人从生到死的持续过程""一个人身体中的生命应成为他整个个性中的一个有机部分和支柱，与身体上各种形式的无能作斗争，实际上正是终身教育的主要目标之一"。联合国教科文组织将这一思想作为教育活动的指导原则和教育改革的总政策，朗格朗的思想已成为当今一种有影响的国际教育思潮，指导我们的教育改革和发展。目前这本书已被译成 18 种文字，其中的有关主张已成为许多国家和地区阐述和实施终身教育的主要依据，影响极为广泛。

总之，终身教育已经成为世界各国重新阐述教育内涵、编写教育学教材和进行教育改革的基本原则。

（二）终身体育

朗格朗提出的终身教育思想已成为一种有影响的国际教育思潮，引起了各国的积极关注和广泛接受。许多国家正在结合本国的实际情况把终身教育当作教育改革的总政策，关于教育结构、教育内容、教育方法、教育管理、教育研究、师资培训、运筹规划等一系列问题的改革与研究已经逐步成为确定教育政策的依据。

终身教育理念产生之后，社会的生产方式和人们的生活方式发生了革命性的变化。一方面，现代社会对生活质量提出更高的要求，人们的闲暇时间越来越多，对休闲生活的要求也越来越高。另一方面，人类的健康受到现代文明的冲击，工业和科技的发展对人的健康造成了很大的影响。为了适应高强度、高速度、快节奏的工作和生活以及减少现代文明对人体的影响，依据人体发展变化的规律、身体锻炼的作用和终身教育的思想，"终身体育"的概念应运而生。

终身体育是指一个人终身进行身体锻炼、接受体育指导及教育。终身体育的含义包括下述两个方面的内容：一是指人从生命开始至结束，学习与参加身体锻炼活动，终身有明确的目的性，使体育真正成为人一生生活中不可缺少的重要内容。二是在终身体育思想的指导下，以体育的体系化、整体化为目标，为人们在不同时期、不同生活领域中提供参加体育活动的机会。

人体的活动规律要求必须坚持经常性的身体锻炼，现代社会生活要求人们终身锻炼。锻炼需要科学的指导，根据人体生长发育的不同特点，所从事的工作、职业特点及所处的环境，对终身体育教育加以科学的指导，这一过程构成了终身体育的体系。终身体育要根据人的不同发展时期，如幼儿园、小学、中学到大学、参加工作后一直到中老年等阶段建立与完善自身的组织体系。

终身体育思想不是单纯强调某一个阶段的体育，而是贯穿家庭体育、幼儿园体育、学校体育、社会体育的整个过程的体育。终身体育的范畴包括从胚胎开始，到死亡终结，终身体育研究的对象是一个人的不同时期，不同生活领域中个人的职业、性别、生活环境及不同健康状态的体育内容、特点、形式和条件。其特点是，不仅要有广泛的指导性、完整性和体系化，还具有较强的实用性，即对不同的个体具有明确的针对性。

1968 年，苏联中央体育研究所的 A.V. 克诺布柯夫等人就曾提出从 0 岁到 100 岁锻炼身体的观点；1970 年，日本的早川太芳、前川峰雄等人在杂志上发表了有关终身体育的概念、目标和实施方案等文章；1976 年，联合国教科文组织召开的关于青少年体育运动的会议曾以"从终身教育者到关于青少年教育中的体育运动的作用"为主题进行了讨论，指出终身体育为学龄前儿童、青少年、劳动者、家庭妇女、高龄人和残疾人中没有机会参加体育活动的人提供机会，在人生各个时期各种环境中根据需要为学习多种多样的体育运动提供保障器材和环境。1978 年，联合国教科文组织在《体育运动国际宪章》第二条中规定:"体育是全面教育体制内一种必要的终身教育因素"，从而进一步从制度上明确了体育不仅是终身教育的因素，而且还需要终身教育制度保驾护航。

实现全民全社会的终身体育，人人坚持终身锻炼，就能达到群众体育的广泛普及与经常化。总之，终身体育为现代人指出了一条保持健康、增强体质、提高身体素质的良好渠道。

二、终身体育与学校体育的辩证关系

教育改革的不断深入推动着我国学校体育改革的前行，正确的、可持续的终身体育思想为学校体育教学改革提供了思路。在学校体育改革过程中，广大体育工作者对终身体育思想的认知尚存偏颇，以至于在实施过程中人们对如何理解终身体育以及学校体育之间的关系还存在争议。因此，正确看待终身体育思想与学校体育教学的辩证关系是必要的。

（一）学校体育是终身体育的基础

学校体育通过有目的、有计划、有系统地锻炼学生的身体，以促进学生的身心健康和体育知识、技术、技能的掌握，使其养成自觉锻炼身体的良好习惯，培养学生的体育意识。

学校体育终身体育的基础。儿童青少年时期是人体形态、生理功能、心理状态、身体素质、运动技能、体育兴趣、运动爱好、运动习惯形成和发展的敏感时期。学生时代的体育状况和体质水平对一生影响极大。这个时期，身体的生长发育直接影响着人的一生。如果青少年时期身体发育不好，如脊柱侧弯、驼背、呼吸机能差等，成年以后往往造成无法弥补的终身缺陷。所以，终身体育锻炼的基础来自学校阶段的体育教育。

（二）学校体育是终身体育的重要阶段

学校教育是教育的重要组成部分，学校体育是学校教育的重要环节。人生的前25年基本上都处于学习的阶段，学生阶段几乎占到整个人生的三分之一。抓住了学校体育教育就抓住了全体国民体育素质的命脉，抓住了学校体育也就相当于解决了终身体育存在的重要难题。

学校体育教学在教学内容、教学目标、教学方法和手段以及教学组织形式等方面都会因终身体育思想的确立而发生改变，这对学校体育进一步促进学生身体发育、培养终身体育意识提出了要求。学校体育是终身体育形成的重要时期，起着承上启下的作用，是终身体育教育的重要环节，是学生奠定终身体育基础的关键时期。

学生的学龄阶段是一生中最美好的时光，大学是人生步入社会的重要关口，大学的体育教育直接奠定了后半生的体育基础，这一时期是学生终身体育意识树立和终身体育锻炼习惯培养的重要时期。

终身体育是通过体育活动，也就是在体育教学实践过程中以丰富学生的体育知识，学会必要的体育锻炼技能来促进学生阶段的正常生长发育、增强体质。学校体育是从根本上挖掘学生对体育运动的兴趣和爱好，进一步养成良好的体育锻炼习惯，促使体育活动成为学生生涯必要生活内容的重要手段。终身体育指导思想下的学校体育注重的是体育锻炼意识及习惯的培养。终身体育落到实处的是让学校体育通过重视学生自我健康、自我体育能力的培养，确保学生掌握体育的基本理论知识和锻炼方法，这对于培养学生"终身健康与终身体育"的能力和行为具有不可替代的作用。因此，学校体育改革要以培养终身体育思想为中心，对学生进行终身体育教育，帮助他们增强体质、陶冶情操，促进身心全面发展，使学生将终身体育锻炼的观念、体育锻炼的意识以及体育锻炼的习惯自然融入自己的生活理念中，最终使学校体育适应社会发展的需要。

（三）终身体育以学校体育为主要手段

学校是学生接受体育教育最重要的阶段，学生在学校里形成的体育意识和习惯将会影响其一生。因此，学校体育是对终身体育思想的落实和延伸。

学校体育首先是教育，是人们进行体育知识学习、体育锻炼实践的过程，在整个教育系统中举足轻重，是终身体育的重要环节，是个体接受的体育教育中最系统、最规范的教育，它是培养个体终身体育意识、提高终身体育能力和形成终身体育思想的最重要的时期。简单的体育锻炼技能已不再是学校体育的根本，重要的是让学生在接受学校体育教育期间能够树立终身体育意识，养成体育锻炼习惯，为以后进行终身体育锻炼打下良好的基础。学校是培养人才的基地，现代化的人才不仅需要渊博的专业知识，同时还要有健康的体魄，而体育教育恰恰是健康体魄的最佳手段，体育教育是培养人才的基础，终身体育是建立在学校体育基础之上的。

（四）终身体育是学校体育的指导思想

传统的体育教学思想最主要的目的是增强学生体质。随着终身体育思想的深入及体育本质功能的不断外显，学校体育势必要以终身体育为指导，以满足学生毕业后的需要为根本，鼓励学生自觉参加体育活动，培养学生终身从事体育活动的习惯和能力，使体育融入生活、融入社会。

现如今，终身体育思想在学校体育教学中得到了充分的肯定。学校体育教育在目的、体育教学的功能以及树立学生体育价值观上都确立了终身体育的观念。以终身体育思想指导学校体育改革是学校体育得以延伸的根本，是将学生体育和全民健身有效结合的体现。终身体育对学校体育教学宏观上的调控，不仅对学生在校期间的学习生活发生重要影响，而且也会对学生走向社会后的余暇生活和家庭生活产生很大影响。终身体育教育对引导学生形成正确的体育锻炼价值观、掌握体育锻炼的技能、养成体育锻炼的习惯以及对体育锻炼的认同起到了很好的指导作用。1995 年 6 月 20 日，由国务院发布的《全民健身计划纲要》明确指出：全民健身计划的实施对象是全国人民，以青少年和儿童为重点，将增强人民体质作为最终目标。《全民健身计划纲要》的颁布和实施为我国全面推行终身体育打下了基础，也为学校体育改革和发展带来了机遇，同时也明确了方向和任务。

综上，终身体育思想是指导学校体育教学的重要动力来源，学校体育教学则是终身体育思想落实的主要手段，二者相互促进、共同发展。终身体育思想下的学校体育教学，一方面从根本上巩固了学校体育的基础地位，明确了学校体育的教学目的，规范了体育教师的行为。另一方面，对体育课程内容、体育教学方法以及体育教学组织形式等方面产生了深远的影响。只有认真探讨学校体育教育在内容、教法、组织、目的等方面的创新，才能树立终身体育教育观，使学校体育成为终身体育的基础。

大学生不但是将来社会体育、家庭体育、终身体育的倡导者、实践者、组织者和领导者，同时也是在校学生实施全民健身计划的受益者和推行者。大学生身心成熟，世界观基本形成，具有很强的可塑性，接受良好的终身体育教育对大学生完善自我、形成终身体育观和树立全民健康意识有着积极的作用。学生进入社会转换角色以后，已基本形成了对体育的兴趣、爱好和习惯，随着他们生活方式、行为习惯的融入，其其社会的辐射功能也会逐渐显现出来。

三、终身体育视角下体育教学方法创新的对策

人的一生要经历生长发育期、成熟期和衰退期三个时期，每个时期都需要通过参加体育锻炼来增进健康、增强体质。不同发展阶段锻炼的要求不同，锻炼的内容与方法也有所不同。好的体育教学方法能够使教学过程轻松愉快，课程目标的实现，教学任务的落实，教学内容的传授，教学质量的提高等都取决于教学方法的运用。

（一）培养学生终身体育的观念

学校体育教学观念上的变革是学校体育教学方法创新的前提。正确的终身体育观念要求学生在校期间能够学到全面的体育知识与技能，同时又能掌握一两项突出的、感兴趣的且可以终身受益的体育项目，使学生树立正确的体育观和审美观，在独立性和自我评价、自我设计以及自我管理性等方面获得长足的进步。

中外教育史上很多著名的教育家对习惯的培养教育都非常重视。早在17世纪，英国教育家洛克在《教育漫话》一文中就明确指出，导师的重要工作之一就是使得学生养成良好的习惯，并进一步提出："事实上，一切教育都归为养成学生良好习惯的论述。"他还认为："教育从简单方面说只需一句话，就是养成良好的习惯。"不论是小学教师还是大学教授，其任务无外乎是帮助学生养成良好的习惯，并将这一行为视为财富，从而对学生的一生都产生深远影响，使学生受益终身。在我国，著名教育家叶圣陶先生在《叶圣陶文集》中同样记录了对培养学生良好习惯的论述："养成良好的习惯，直到终身自由的程度。"可见，终身体育思想下学校体育的首要任务是培养学生参加体育锻炼的习惯。

体育锻炼习惯是学生走上社会后自觉并坚持进行体育锻炼的关键。体育锻炼习惯是终身体育观念的基础，"习惯成自然"，体育锻炼习惯的养成对参与者有意识无意识的体育锻炼，以及将体育锻炼作为一种生活内容都会产生积极的、不可或缺的影响。多数人坚持参加体育锻炼的第一动因是在学校养成的体育锻炼习惯。学校作为体育知识、技能传授的场所，在培养学生体育锻炼习惯、形成稳定的体育锻炼方式方面至关重要。从学校体育教育的受体即学生发展的角度来看，学生在此过程中加强了体育锻炼意识，掌握了体育锻炼的技能和知识，在生理和心理上都有所获益。从社会发展的长远角度来看，学校体育对学生体育锻炼习惯的培养有助于促进体育的广泛普及与经常化，为进一步促进体育与社会的和谐发挥着重要作用。

学生体育锻炼习惯的形成需要一个过程，即意识培养和行为实践不断加深的过程。为此，在开展学校体育教育期间，教师应该以此为终极目标，不论是对学生体育活动中的指导还是对学生体育教学的组织，都应以吸引学生注意力、调动学生参与体育锻炼的兴趣为根本，让学生展示自己的运动才能，体验体育运动带来的快乐。

（二）加强学生体育理论知识的教学

随着社会生活压力逐步加大，学校体育改革除了要重视学生在校期间的体质健康，还要从长远角度关注学生的终身健康。学校体育改革的长远角度主要是指学校体育的着眼点在于帮助学生毕业后能够根据外界环境的变化，科学独立地锻炼身体。体育知识、技术、技能是科学锻炼身体的条件，对增进身心健康、增强体质具有近期（在校期间）和长远（走向社会以后）的影响。

体育理论知识的传授应以学生在校期间的身体锻炼和学业任务为根本，以学生长期身体健康为目标，从学生在校期间的体育兴趣、爱好和良好的锻炼行为出发，适当加深并拓宽，从而使学生在这一教育过程中对体育锻炼的意义和价值从理性上有充分的认识，提高学生对体育锻炼的兴趣，激发其内在动力。学生除了要掌握专业理论知识，如体育锻炼的原则、体育锻炼的方法以及体育保健等，还需要掌握体育锻炼技能、体质测量与评价等方面的知识。这些理论知识的加强，一方面能够激发学生在体育锻炼方面的热情及强烈的内在锻炼动机；另一方面，有助于学生对体育锻炼兴趣和信心的进一步加强，使学生不会因生活条件或环境变化抑或是年龄的增长而改变自己的锻炼习惯，不论何时何地，都能够合理地调节体育锻炼的内容和运动强度。

（三）教学内容的选择应具有多样性和可接受性

体育教学内容要具有多样性与可接受性，既具有一定的广度，也要有一定的深度。体育教学内容的选择应该把社会需要、学生身心特点与兴趣及学校环境条件结合起来，使学生在进行体育锻炼时能够充分发挥自身价值，体验成功带来的满足和自我实现的快乐。学校体育教学内容应按照社会需要进行编选，尽可能选择注重健身，能够增强体育意识并在培养体育能力方面容易入手的体育教学内容。从长远来看，应满足未来需要，应根据实际情况多安排一些不受空间、时间、器材等客观条件限制的，又能被大多数学生接受的，课内外结合的体育活动内容。总之，体育教学内容的选择既要全面、多样，还要集终身性、健身性、全民性、娱乐性、实用性以及主动性于一体，使学生在学到体育锻炼技能和知识的同时养成良好的体育锻炼习惯。

21 世纪以来，人们的生活水平发生了巨大的变化，诸如健身、娱乐、休闲以及兴趣类的体育锻炼内容在日常生活中日益增多。终身体育理念下的学校体育教学应以"健康第一"为指导原则，结合社会普及的体育锻炼项目进行体育教材的编写，这些是体育项目帮助学生掌握锻炼方法。

（四）构建多种教学组织形式

教学活动的开展离不开教学的组织，教学组织形式必须随条件的变化而变化，才能够满足正常教学活动的开展。体育教学的内容决定了体育教学要采取的形式。单调、呆板的体育教学形式束缚了教师和学生的手脚，教学模式单一，教学过程公式化阻碍了终身体育思想下的学校体育教学内容的有效实施。

形式灵活、内容丰富的体育教学组织形式是当前满足不同层次、不同需要学生的根本。终身体育思想指导下的学校体育教学组织形式应灵活多变、直观易懂，以学生能够掌握一到两门有专长技能的锻炼方法和身体娱乐方法为手段，以体育锻炼兴趣培养以及体验体育运动乐趣为根本，使学生自发、自主、积极地从事体育锻炼。一方面要能够反映学校体育教学改革的趋势，并将其延伸落实。另一方面要能够从更深的层面对学校体育教学改革进行挖掘，体现学校体育教学改革的深度。既要充分捍卫学生的主体地位，采取多种可供选择的方式，为学生的全面发展提供自由多样的空间和条件，又要因材施教，根据不同学生的基础、需求选择不同的组织形式。

在专业知识讲解上，体育理论课可打破理论课教学常规，利用学生相对集中、易组织的优势，采用兴趣小组的形式，根据教学内容，专门安排一些简单易学、实用性强的测量、康复、评估以及监督等方面的教学演示或操作练习，使学生学到一些实用的体育知识，激发学生的体育学习兴趣，为以后的科学锻炼打下良好的基础。

另外，体育教师仅靠每周有限的课时进行体育知识传播、技能指导是远远不够的。应把体育课教学与课外锻炼有机结合起来，真正落实课外体育活动，实行课上和课下、校内和校外相结合的组织形式，使学校体育与终身体育相互贯穿，课上传授体育基本技术和技能、知识，让学生学会体育锻炼方法，突出教学过程；课外增强体育意识和能力，培养学生的体育兴趣、爱好，使学生养成良好的体育锻炼习惯，为终身体育奠定良好的基础。

（五）以终身体育思想作为制定体育教学评价标准的依据

终身体育教育的指导思想是学生体育评价的根本。终身体育思想下的体育评价实质在于如何转变人们的价值观，并以此作为调整和改变学校体育的价值判断标准，引入学生体育态度、兴趣、学生终身体育意识、习惯和能力的评价，为学校体育评价注入新的血液和活力。终身体育视域下的体育教学评价应该包括以下几点。

终身体育视域下体育教学的评价目标、教学目标和教学指导思想应具有一致性，应以终身体育为指导思想，避免教学与评价的脱节，确立多元互评主体，定期评价教师的指导和学生的学习，由此评定学生和老师已达到的教学目标的程度。

体育教学评价指标应多样化。评价指标的多元化选取是目前学术界和教育界的共同取向，单一的技术技能考评或健康测试已不能适应当前的体育教学活动，它不能准确、公平地反映学生的学习状况。包括认知、技术技能和情感在内的多方面内容，特别是情感态度评价等。这就要求教师要认真地认识和了解每一位学生，熟悉学生的情况，掌握学生的兴趣和特长，在教学活动中对每一位学生的起点作初步的评定，再根据学生的心理特点，因材施教，使学生在不同的起点上高速向更高的目标前进。

此外，还应强调质性评价，实现评价方法的多样化。学生体育学习状况不能单靠应试教育下的量化成绩为最终衡量标准，而应注重量化评价和质性评价相结合、绝对评价与相对评价相统一的多样化评价方法，注重过程评价和诊断性评价、形成性评价和终结性评价相结合。在评价实践中，过程性评价与诊断性评价是对学生在体育教学活动过程中学习效果的评价，而形成性评价和终结性评价是对学生整体学习效果的评判，四者的结合评价一方面关注学生求知与探究的过程和努力的程度，另一方面也对其最终学习效果给出解释，不论是对学生的努力，获得的进步，还是对学生的学习态度、终身体育价值观的形成，或是对学生积极的学习态度、科学的探究精神都能做出合理明确的评价，从根本上做到对学生学习过程和学习效果客观公正的评价。

第四章 体育教学技能基础理论

第一节 体育教学技能

一、技能

不同的心理学家对技能既有不同的观点，也有许多的共通之处：（1）技能是由一系列动作组成的动作系统，单一的动作不能叫动作技能。（2）构成技能的动作系统是一个合理的动作系统。（3）技能是后天获得的。（4）任何技能的习得都需要经过一定的练习，所以"技能是个体运用已有的知识和经验，通过练习形成的稳定的动作方式和智力活动方式，即个体通过练习习得的合理的动作系统"。

（一）技能的分类

根据技能的性质，一般分为动作技能和智力技能。

1.动作技能

动作技能主要指人体的肌肉运动，主要表现在外部的行动上，表现在对事物的直接行动中。运动、写字、弹琴等都属于动作技能。动作技能有初级和高级之分，初级是指刚学会的某项技能，高级的动作技能被称为技巧，是高度熟练并能自动化的动作技能。

2.智力技能

智力技能又称为心智技能、认知技能，这是个体调节认知活动的技能。个体观察事物、分析各种现象、解决各种问题，都需要智力技能，如答题、作文、阅读等。

动作技能和智力技能虽然都称为技能，但它们属于性质完全不同的两类技能，存在以下区别：（1）调节的对象不同。动作技能的调节对象是外部的肌肉活动，而智力技能的调节对象是内在的观念，如概念、推理、逻辑等。（2）动作技能是外显的，他人可以观察到的；智力技能是内隐的，他人一般观察不到，只能通过智力活动间接了解这一活动进程。

（二）技能的特点

1.技能需要经过练习才能掌握

任何技能的习得都需要经过大量的练习，如初学写字的时候，需要一笔一画，十分费力。通过反复练习，写字的动作就达到了近乎自动化的程度，这种由于练习而习得的动作和行为，就是技能。

2.技能是人类活动中自动化的一部分

人的活动是由一系列动作组成的，在这些动作中，有一部分是有意识的，另一部分则是自动化的。需要注意的是，那些不经过练习而习得的动作不是技能，如叩击膝盖时的踢腿反应，婴儿看到色彩鲜艳的物品时手舞足蹈，这些都是人的条件反射性动作，不属于技能范畴。

3.技能受意识的控制

技能虽然近乎自动化，但并非完全不受人的意识控制，只是人在使用某种技能时意识不到而已。如具有骑自行车技能的人，在行进途中遇到障碍物或突发事件时，会很快地避让。这些技能实际上都受意识的控制和支配。所以技能是根据活动的需要发生或停止的，人们可以利用也可以不用。

二、体育教学技能的界定

教学技能是教学技术或方法有目的、熟练完成的教学行为，即可观测的教学行为方式。体育教学技能就是为了实现体育教学目标，在体育理论与教学理论的指导下，通过不断练习逐渐形成的熟练完成体育教学任务的行为方式。体育教学技能概念内涵强调技能是通过不断练习形成的，技能的形成标志就是能够熟练完成教学任务。

关于体育教学技能的定义主要有四种观点，分别是行为说、活动方式说、结构说和知识说。

（一）行为说

行为说认为教学技能是指在课堂教学中教师运用专业知识及教学理论促进学生学习的一系列教学行为方式。体育教学技能是指在体育课堂教学过程中，体育教师完成某种体育教学任务所采用的一系列行为方式。行为说以行为主义心理学为依据，用外显的行为来界定教学技能，将教学技能视为教师可描述、可观察、可操作、可分解以及可测量的外在教育行为，为教学技能的有效训练提供了理论依据。这种观点的客观性值得肯定，操作性也值得借鉴。但教师的教学行为是十分复杂的，不仅具有外在的一面，还有隐含的一面，如教学内容的选择和设计技能就是隐含和主观的。行为说在技能的训练方法上会出现模仿与重复练习，缺乏创新性。

（二）活动方式说

活动方式说强调教学技能是为了达到教学规定的某些目标采取的一种极为常用的、有效的教学活动方式。这种观点的依据是认识心理学。认识心理学认为，技能是个体运用已有的知识经验，通过练习而形成的智力活动方式和肢体动作方式的复杂系统。这种教学技能在教学活动中体现了具体活动的程序性和顺序性，但这种观点依然依赖外显教学技能，教学中需要的大量心智技能不能以活动的方式表达出来，不能揭示技能尤其是心智技能与知识的本质联系。所以该观点在技能的训练方法上仍然停留在低水平的练习上。

（三）结构说

结构说的依据是结构主义，结构主义是认识心理学中的一个分支，其理论内容很丰富，其核心内容可以归纳为：以学生为中心，强调学生对知识的主动探索、主动发现和对所学知识意义的主动建构。这种观点试图将外在的行为和认知活动方式联系起来，由单纯强调外在行为转为注重外在行为与认知因素二者的结合，强调教学技能结构中各要素的相互联系。相比行为说和活动方式说，结构更为全面和科学，但是也只是描述了教学技能的构成要素，并没有给教学技能以明确的界定，因而难以指导教学技能训练。

（四）知识说

知识说是借鉴当代心理学理论对知识的划分，将教学技能归入知识的范畴。广义的认知心理学认为，动作技能、智力技能和认知策略都是程序性的知识，这种观点强调知识与技能的一致性，认为教学技能就是关于教学的程序性知识，这种观点对揭示技能的心理活动有一定的积极意义，但它混淆了知识与技能的概念，过分强调内部的认知结构，忽视技能的外显属性，难以说明教学技能的本质特征，导致对教学技能训练的否定。

三、体育教学技能的特征

（一）习得性

习得性是个人心理活动过程中"客体化的人类本质能力"的再生与变革。体育教学技能的习得性是指通过训练活动，使练习者熟练掌握体育教学技能。这说明体育教学技能可以通过多种训练方式和途径，采取恰当的训练模式，在不断练习中形成具有个性化的教学技巧。技能不是先天的，也不是掌握了一定的知识、方法或技术就能自然形成的，必须是在掌握教学理论知识和教学方法的技术基础上，通过反复练习才能获得。

（二）操作性

操作性是指按照一定的规范和要求操作动作。体育教学技能自身是存在规范和要求的，必须严格遵循操作的规律、过程、原则、模式。著名的心理学家斯金纳认为："一个人干什么，不是因为他的行为将会有什么效果，而是因为过去类似的行为已经有了什么效果。"[①] 体育教学技能形成或发挥作用时，一旦技能操作取得满意的效果，教学技能也就会得到强化。

（三）指向性

指向性是指瞬间意识对一定对象的选择和跟踪。体育教学过程中的参与因素众多，过程复杂，教师无时无刻不在组织指导和观察学生，当预期或已经发生某种情况时，教师都会做出积极的反应，并及时运用相应的教学技能解决课堂上出现的情况。体育教学技能众多，分别用以解决相应的问题。如果没有形成教学技能，教师就很难及时做出操作性的反应。如果不具备相应的教学技能，教师的指向性就会很低，更不能及时化解问题可能带来的危机。

（四）知识性

体育教学技能虽然是一种行为方式，但它必须有体育学与教育学、心理学、生理学等学科理论的指导。此外，教育目标和教学任务的确定要建立在相关的理论与实践知识基础之上。知识是人类认识客观世界的武器，体育教学技能和训练及操作涉及的学科理论及实践经验都是人类认识客观世界的成果。知识在社会实践中不断积累、更新和发展，体育教学技能的知识性也在体育教学实践的过程中不断丰富和发展。

---

① 沈洁.如何读懂孩子 斯金纳教育思想探析 [M].太原：山西人民出版社 ,2019.01.

（五）经验性

体育教学技能是不断练习的结果，仅仅具备知识、方法和技术不会自然形成技能。技能需要重复练习，反复修正，身体力行。总之，教学技能要经过知觉、心智和行为三个方面的反复体验，练习者必须经过长时间和多次的实践才能强化和积累技能。

（六）差异性

体育教学技能和教学技术因人而异。由于体育教师的个性、智力、体力或经历等都存在差异，其教学技能也各具特色，各有千秋。"邯郸学步"式的教学是不值得提倡的，唯有结合自身优势，形成独具个性的教学技能和教学风格才能使教学之路走得更加长远，不断发展与创新。

四、体育教学技能的形成过程

体育教学技能的形成包括感知、心智和操作三个过程。

（一）感知过程

感觉是人脑对直接作用于感官客观刺激物的个别属性的反应，知觉是人脑对直接作用于感官客观刺激物的整体反应，二者统称为感知。知觉的产生必须依赖于各种形式的感觉，二者关系紧密，所以合称为感知觉。个体的一切心理和行为都源于感知活动。

感觉和知觉作为两种不同层面的心理功能，都属于感性认知阶段，个体的一切心理和行为都源于它们。感知技能是知识和技能学习的起点，任何技能的学习都源自主体的感知活动。主体使用多种感官去感知同一个知觉对象，将不同感官获得的信息传递到大脑，从而获得对事物的全面认识，这对技能的学习至关重要。

1.体育教学技能形成的感知阶段

体育教学技能形成的感知阶段有三个：选择适应阶段、理解加工阶段和巩固常态阶段。

（1）选择适应阶段

选择适应阶段是体育教学技能形成的开端，练习者在这一阶段首先会对体育教学技能产生笼统的模糊印象。然后在教师的讲解下或通过一些体育教学技能训练的形式或途径，如体育教学观摩等，练习者会将各部分技能的感知觉整合成整体的印象。经过适应阶段的学习，练习者对体育教学技能建立了整体的感知印象，而强化这种认识还需要经过下一阶段的理解和加工。

（2）理解加工阶段

理解加工阶段是指根据知觉的形成过程在练习者对知觉对象理解的前提下，快速对获取的信息进行理解加工的阶段。这一阶段，教师通过语言的指导和提示来唤醒练习者去积累经验，补充知觉内容。练习者根据以往的经验、知识，进一步对体育教学技能的各个部分进行较为精确的分析，如对教案设计的讲解，可以加深练习者对课程的类型、教学目标、教学方法等内容的理解。在这一基础上，继续理解体育教学技能各个组成部分之间的关系，如教学内容设计与其他技能的关系，从而形成综合的认识，使练习者对体育教学技能的感知更清楚、更精确。

（3）巩固常态阶段

通过前面两个阶段的学习，练习者对体育教学技能已经形成了一定的感知印象，但这种印象是不稳定的。在巩固常态阶段，学习者将变化的客观刺激物与经验中保持的表象结合起来，巩固前两个阶段对体育教学技能的感知，树立起体育教学技能的常态观念。

2.体育教学技能的感知训练过程

（1）感受性变化

感受性是指感觉器官对刺激物的感觉能力。主体的各种分析器官的感受性会随外界条件和自身机体状态不同发生相应的变化，具体表现为适应、对比和相互作用。体育教学技能形成的过程是提高知觉分化水平的过程。在这个过程中需要多种感知觉的共同作用，需要充分调动主体的触知觉、视知觉、肌肉知觉、深度知觉、空间知觉和节奏知觉等来促进体育教学技能的形成，体育教学可通过微观教学等多种技能训练形式来提高学习者的感受能力。

（2）整体理解性

整体理解性是指知觉的对象有不同的属性，由不同的部分组成，可以把它作为一个有组织的整体，并用过去的经验予以解释和标识。体育教学技能由教学设计技能、课堂技能等多种技能组成，学习者通过感知将这些技能知觉化为一个整体，即体育教学技能。这种整体理解的特性一旦形成，即使一定范围内发生变化，知觉形象也不会因此发生相应的变化，这有助于学习者通过纷繁复杂的现象把握体育教学技能的本质和规律。

（二）心智过程

心理学将心智定义为人对已知事物的沉淀和认知，是通过学习形成的合乎法则的心理活动方式。从这一定义可知，心智决定了主体认识事物的方法和习惯，具有指导主体思考和思维方式的特点。另外，心智过程影响主体的行为结果并不断强化，体现了心智的修正特点。

心智是技能形成必不可少的因素，首先，它是主体获得经验的必要条件，主体接受信息刺激后，经过个体运用或观察得到进一步反馈，若自身主观认为是好的反馈就会保留下来，形成自己的经验。其次，心智对解决问题起着重要的调节和指导作用，主体对问题的解决必须经过判断问题性质、选择表征的形式、确定步骤、执行等一系列的心智动作才能实现。最后，心智是主体技能形成与发展的基础之一，技能是在获得知识、掌握技术的基础上，通过概括、迁移、系统化形成的，在这一过程中心智是不可缺少的。

1.体育教学技能心智形成的阶段

体育教学技能心智形成的阶段包括原型定向阶段、原型操作阶段和原型内化阶段。

（1）原型定向阶段

心智活动的原型，即心智动作的"原样"，也就是外化的实践模式或"物质化"了的心智活动方式或操作活动程序。原型定向阶段是主体掌握操作性知识的阶段。主体通过了解心智互动，即体育教学技能构成的要素，初步建立起自我调节机制，从而知道该怎么做、怎样去做好，对实际操作进行内部的控制调节，明确学习方向。

（2）原型操作阶段

原型操作阶段是指依据心智技能的实践模式，将主体头脑中建立的各种活动程序以外显的操作方式付诸实践。学习者在原型操作过程中，依据前一阶段形成的体育教学技能印象进行相应的学习和实践。同时，练习者践行体育教学技能的行为也会在头脑中形成反应，进而在感性上获得完整的印象，这种印象就是技能形成的内化基础。所以掌握各维度技能时，应通过模拟上课、说课等多种训练形式增强练习者实践的能力。

（3）原型内化阶段

在原型操作阶段，主体的外显操作方式是一个由内而外、巩固内化的过程。在原型内化阶段，主体以外显操作方式付诸的实践会进行一次由外向内的转化，即主体心智活动的实践模式向头脑内部的转换，使技能离开身体的外显形式转为头脑的内部认知。练习者在这一阶段对体育教学技能进行加工、改造，使其发生变化，认识由感性上升到理性，并逐渐定型、简缩和巩固。

2.体育教学技能的心智训练过程

体育教学技能的心智训练过程包括原型模拟和分阶段练习。

（1）原型模拟

原型模拟首先需要确定其实践模型，即确定体育教学技能的操作原型或操作活动的顺序。因此，确立模型的过程实际上是把主体头脑中固有的、内潜的、简缩的经验外化为物质的、外显的心理模型的过程，也称为物质化过程。为确立技能的操作原型，必须对整个体育教学技能进行系统分析：①对系统进行功能分析，分析系统对环境的作用，其中包括作用的对象、条件及结果。②对系统做结构分析，分析体育教学技能系统的组成要素及其之间的相互关系。③将功能分析与结构分析有机地结合起来。在拟定假设性操作原型后，还应通过实验来检验这种原型的有效性。在实验中如能取得预期的成效，则证明此假设原型是真实可靠的，这种经实验证实了的原型就可以在教学上加以应用。反之，如果在实验中假设原型不能取得预期成效，则对此原型必须予以修正或重新拟定。可以通过参与体育教学技能大赛、微视教学等多种活动，提高练习者此阶段的能力。

（2）分阶段练习

由于体育教学技能涵盖了教学设计、课堂组织技能等多种技能，且每一种技能是分阶段逐步形成的，所以在训练时必须分阶段、分类别进行。分类别进行是指体育教学技能中的每一维度技能往往是由多种心智动作构成的，一种技能的某个部分可能在其他技能的学习中已经形成，而这些已经形成的部分就可以在心智水平上直接迁移，不需要经历上述三个阶段。分阶段练习就是将已掌握的和尚未掌握的技能进行分段练习，并做好新旧内容的有机结合。

（三）操作过程

从教育心理学的角度而言，操作就是学习者能迅速、精确、流畅地执行任务，基本不需要有意识地关注，操作有以下作用：（1）操作是主体变革现有知识和技能的重要心理活动的必要因素，操作过程是主体对现有经验的总结，是在长期学习过程中积累起来的，主体借助于这个过程才能更好地提升经验，革新知识。（2）操作是技能形成和发展的重要因素，操作过程是使主体顺利完成某种实践任务的行动方式，主体对某一技能的掌握必须经历操作过程。

1.体育教学技能形成的操作阶段

体育教学技能的操作阶段包括定向、模仿、联合和自动化四个阶段。

（1）定向阶段

操作定向又可称为"行动定向"，是指在了解操作活动结构的基础上，在头脑中建立起操作活动的定向映像过程。体育教学技能的操作定向是指在了解体育教学技能构成及各部分作用的基础上，在头脑中建立起的各维度教学技能结构及教学动作的影像过程。此阶段的作用在于帮助练习者建立初步的自我调节机制，练习者只有在对"做什么"和"怎么做"有了明确了解之后才能进行相应的活动，才能更好地掌握相关的活动方式，促进体育教学技能的形成。

（2）模仿阶段

模仿就是行为的模仿，指仿效特定的动作方式或行为方式，是获得间接操作经验不可缺少的学习方式。从体育教学技能来说，模仿就是在定向的基础上将头脑中形成的映像通过外显的形式表现出来，是技能掌握的开始。具体表现在两个方面：一方面，通过模仿检验已形成的技能映像，使其更加完善、充实和稳定。另一方面，加强个体技能感受，更加清晰地了解技能结构，加强技能实施力度。

（3）联合阶段

联合阶段是指将模仿阶段反复练习固定下来的各维度技能相互结合，使其稳定化、一体化。通过练习，将在模仿阶段难以完成的技能进行有效的衔接，使各部分技能相互协调，技能结构逐步合理。同时个体对技能的控制也逐渐增强，保证其相关性和有效性。联合阶段是体育教学技能形成的关键环节，是从模仿到自动化的过渡阶段，为自动化活动方式的形成奠定基础。

（4）自动化阶段

自动化是指通过练习形成的动作方式，适应各种环境变化，使动作的执行达到更高水准。就体育教学技能的掌握来说，主要是指体育教学中教学技能的执行过程不需要高度的意识控制，执行者可以根据不同的教学内容、学生以及环境等，灵活、熟练地运用教学技能，完成教学任务。这是体育教学技能形成的高级阶段。

2. 体育教学技能的操作训练过程

体育教学技能操作训练过程包括操作定向、操作模仿、操作整合以及操作熟练。

（1）操作定向

操作定向是体育教学技能掌握的重要环节，其意义在于初步建立起操作的自我调节机制，从而调整学习者已有的技能表象。练习任何技能都必须以表象为基础，而熟练的操作技能都包含着非常清楚、准确的动作表象。因此，实施者在训练过程中要利用精准的示范和语言讲解帮助练习者建立起这种自我调节机制。准确的示范与讲解可以使练习者不断地调整头脑中的表象，形成准确的定向映像，进而运用好实际操作活动中的调节技能。

（2）操作模仿

实践表明，模仿练习是各种操作技能不可缺少的环节，只有通过不同模式的模仿练习，才能使学习者原有的技能映像得以检验、修正和巩固，并为熟练技能奠定基础。模仿练习是练习者增强自我体会、自我调整的过程。此过程要注意信息的反馈，充分而有效的反馈在操作技能学习过程中是非常关键的。

（3）操作整合

操作整合是指将构成整体的各个要素联结成整体，是体育教学操作技能形成的重要阶段，是掌握复杂操作技能所必需的，因为体育教学技能的操作不仅要求确切地把握每一个维度，同时也要掌握各技能间的动态联系。在操作整合阶段，条件不变时，练习者对于技能的把握是比较稳定的，但当条件有变动时，会出现对自己的错误不能认识和感知的现象，很难对动作进行有意识的调节或控制，难以维持技能的稳定性和精确性。因此这一阶段的训练主要是专门训练，以提高练习者技能的清晰度和稳定性。

（4）操作熟练

操作熟练是体育教学技能掌握的高级阶段，是指通过练习形成的活动方式，来增强技能对各种变化条件的高度适应性。教学技能的熟练是在反复练习的基础上实现的，但这种反复的练习并不单单是机械地重复，在练习的过程中还需要根据练习效果提高练习的标准和要求。通过参与各种体育教学技能大赛、示范课评比、集体备课等体育教学技能训练形式或途径，能有效地增强练习者对于体育教学技能操作的熟练程度。此外，练习的强度和密度对技能的熟练掌握也有积极作用，但要注意合理分配，根据各维度技能的难易程度以及练习情况进行具体分配和操作。

五、体育教学技能与其他教育课程的关系

随着素质教育改革的不断深入，教师职业技能课程在我国的师范教育和教师教育中开始盛行，这类课程的开设，标志着我国的教师教育从学术本位走向了能力本位。

在师范教育中，体现教师职业特点的课程是教育学、心理学和学科教材

教法课等。教学技能是师范教育课程的重要组成部分，与教育学、心理学、教材教法等课程既有密切的联系，又有明确分工。教育学和心理学是揭示一般教育教学规律和学生学习、发展的心理规律的基础理论。这些基础理论只能对教育教学实践给出一般的方向引导，是指导实践活动的理论基础，并不直接针对具体的教育教学实践活动。中小学的体育教材教法课程是教育课程中的应用学科，以中小学体育教学为研究对象，是宏观的教学活动，目的是培养教师的综合教学能力。这些课程几乎完全是理论性的，没有实践性的技能训练，教师只需要掌握一般教育教学的基础理论，为师范生教学能力的形成与提高奠定理论基础。实践表明，师范生在形成综合的教学能力之前需要掌握一些基本的教学技能，这些技能可通过系统的、有计划的、有组织的学习和训练来掌握。教学技能课程是训练教师教学技能、提高教学能力，使师范生理论与实践相结合的桥梁。教学技能训练使教师在教育学、心理学课程中所学的基础理论及在体育教材教法课程中所学的基本教学方法和分析方法有了一个实践平台。教学技能课程重视分类技能的强化训练，强调教学技能的层次性和系统性、独立性和相关性、实用性和操作性，为体育教育教学实习工作打下扎实的基础，对学生能力的提高起到促进作用。可以说教学技能课程是学生理论联系实践的桥梁，是学生将知识转化为能力的纽带，是师范教育课程中的一个组成部分。

第二节　体育教学技能训练

一、体育师范生进行教学技能训练的必要性

（一）教育改革与发展的趋势所向

当今世界，发达国家已将教师职业视为一种具有双专业的特殊职业，教师不仅要具备所教学科的专业知识与技能，解决"教什么"的问题，同时，还要具备传授知识、技能的技巧，懂得"如何教"。所以，教师需要进行严格的、持续不断的专业训练。

（二）教师专业化发展与素质提高的需要

为顺应教师专业化发展的趋势，我国采取了许多重大的措施，这反映在党和国家的重要决策文件和教育法案中。国家教委师范司 1992 年 9 月颁布的《教师职业技能训练基本要求》明确提出："学校各级领导要把加强学生的教师职业技能训练作为深化教学改革、提高师范生培养质量的重要内容来抓。"我国政府与教育行政主管部门的一系列举措为教师专业化发展奠定了法律基础。

《中华人民共和国教师法》明文规定，实行教师资格制度，并规定取得我国教师资格的五项要求：中国公民（外籍人员在中国任教由国务院教育行政部门另行规定）、思想品德条件、学历条件、教育教学能力、认定合格的手续。其中教育教学能力包含了教学技能。教育理论普遍认为，教师的基本素质是

一个结构体系，应包括：师德素质、文化素质、能力素质等。能力素质包括教学技能及一般的教育教学能力。而技能是各项能力的基础，技能素质在教师整体素质结构中居于中间地位，也就是说，师德素质、文化素质在一定的技能基础上才能达到，因此，教学技能是教师素质结构的重要组成部分，加强对教学技能的培养是提高教师素质的需要。

（三）体育教师技能训练的核心内容

教师职业技能训练的内容较多，包括"讲普通话和口语表达、书写规范文字和书面表达、教学工作、班主任工作技能"四部分。其中，教学工作技能是教师职业技能的核心内容，在教学工作技能（包括教学设计技能、教学媒体选用技能、教学技能、设计批改作业技能、组织指导学科课外活动技能、教学研究技能）中，教学技能又是最重要的职业技能。因此，体育教学技能训练是提高体育教师职业技能、培养合格体育教师的重要内容。

（四）提高教师教学能力的有效途径

教学能力与知识和技能是分不开的，它们之间既有密切的联系，又有明显的区别。专业知识是形成教学技能和教学能力的基础，而教学技能是提高教学能力的根本。专业知识的形成可促进教学能力的发展。教学技能的炉火纯青，代表了教师的教学能力。由此可见，加强教学技能的训练是提高教师教学能力的有效途径。

二、体育教学技能训练的原则

体育教学技能训练的原则是广大体育教师在长期的体育教学实践中积累的经验的概括和总结，对体育教学技能训练具有普遍的指导意义，了解并掌握体育教学技能训练的原则有利于提高体育教学技能的训练成效。

（一）理论学习与教学训练实践相结合

教学技能训练以教育学、教学理论和专业知识为基础。教学技能训练内容有一定的理论体系，教学技能训练的规范来自科学的理论。因此，教学技能训练首先要系统地学习有关理论和科学的训练方法，力求在训练时有正确的理论指导、科学规范的训练方法，以便达到预期的训练目的。教学技能课程应突出实践训练，因为教学技能属于习得的能力，是通过练习获得的，只有在训练中才能理解、掌握和提高。因此，教学技能要切实抓好科学、规范的实践训练。在训练时要紧密联系教学实际和改革实际。通过刻苦强化的训练和积极主动的实践，做到熟能生巧，真正掌握技能。

贯彻理论学习和教学训练实践相结合原则的基本要求有：（1）不断提高自身的思想认识，启发技能训练的自觉性，坚定爱岗敬业的信念。（2）加强训练理论的学习和研究，为教学技能训练的实践活动奠定坚实的理论基础。（3）重视技能训练的反复性，技能属于后天习得的能力，需要不断训练、反复实践。（4）注意发挥评价的作用，评价的目的是改进和提高教学技能，使教学技能按照一定的方向有序进行，从而达到既定目标。（5）

理论与实践相辅相成,互为促进,通过对教学实践中的自我评价、总结,在"实践—认识—再实践—再认识"的过程中,实现教学技能的不断发展与提高。

(二)单项训练和综合训练相结合

训练者要掌握规范的教学技能,实现教学技能的整体优化,提高教学能力,必须以单项教学技能训练为基础。因此,在训练过程中要把教学技能分解成各个教学环节中的各个要素,按科学排列,有计划地进行逐项、逐个的训练。同时,在单项训练的基础上进行综合训练,以求达到训练目的,做到真正掌握教学技能,并灵活运用教学技能来提高教学能力。

一般来讲,单项技能训练是指针对一项或以一项为主的体育教学技能的训练。综合训练是指同时涉及多项体育教学技能的训练。在综合训练中,训练环境、程序、内容、目标和手段等相对于单项技能训练会更复杂,更接近体育教学的实际,难度更大,更具挑战性。单项技能训练与综合训练相结合有利于提高体育教学技能水平。

贯彻单项技能训练与综合技能训练相结合原则的基本要求有:(1)明确教学技能的划分和功能,有效调整教学技能的应用。(2)熟悉教学技能训练的程序,保证教学技能训练的顺利开展。(3)制订切实可行的体育教学技能训练计划,明确各阶段的训练目的、任务、时间安排等。(4)重视单项教学技能训练的可操作性,从易到难,由繁到简,逐项掌握。(5)通过综合训练磨炼和提升教学技能,形成整体的教学能力。

（三）个人训练与团队训练相结合

个人训练与团队训练相结合是指根据体育教学技能训练的实际需要，发挥个人训练的自主灵活及团队训练竞争意识强等特点，有效提高体育教学技能训练水平。个人训练主要以个人自主学习、自主训练为主，强调自为、自律、独立训练。团队训练是指以团队的形式进行体育教学技能训练，强调团队整体的训练及团队整体的进步。个人训练与团队训练相结合有利于促进个人及团队整体体育教学技能水平的提高。

贯彻个人训练与团队训练相结合原则的基本要求有：（1）严格执行训练计划，加强技能训练的反馈与评价，采取有效措施，保证技能训练的顺利进行。（2）不断激发训练动机，为技能训练提供源源不断的内在动力。（3）积极反思个人训练效果，总结经验，提高自身修养和教学技能。（4）营造和谐的团队和训练氛围，形成责任明确、关系融洽、开放交流、齐心共进的和谐团队。（5）团队训练中提倡角色互换，做到换位思考，使自身的教学技能更有针对性和包容性，不断适应时代的发展与学生的需求。

（四）传统手段与现代手段相结合

传统手段与现代手段相结合是指根据体育教学技能训练的实际需要，采用合理的训练手段，既要积极利用体育教学技能的现代训练手段，也要恰当采用传统训练手段，传统手段与现代手段互相补充能有效提高体育教学的技能水平。

传统体育教学技能训练手段主要是指师徒传授、教学观摩等，现代体育教学技能训练手段是指微格教学、多媒体技能培训等。传统手段与现代手段都有各自的优势和不足，传统与现代相结合，能够实现优势互补，增强体育教学技能训练的实效性。

贯彻传统手段与现代手段相结合原则的基本要求有：（1）提倡体育教学技能训练手段多样化，有效提高训练者的积极性。（2）适当考虑手段的优化选择，针对具体的训练内容，采用与之相适应的训练手段。（3）加强体育教学技能多媒体培训系统的研制开发，有效弥补现有训练方法的不足，使训练更加完善。（4）注重课堂训练的延伸，在课前、课中、课后均可以自主学习，向他人请教和寻求帮助，从而有效提高教学技能训练成果。（5）无论选择和运用何种手段，都必须从教学的实际需求出发。

（五）教学技能训练与教育实习相结合

教学技能训练是在校内创设一定教学环境的模拟训练，采用微视教学训练方法。微视教学训练是将教学技能的训练系统化、程序化，利用现代技术设备进行反馈和评价，从而不断改进和完善教学。训练时，首先要对学生进行单项技能的微视教学训练，以便于掌握单项技能。然后进行整节课的设计和训练，把所学的各种教学单项技能综合起来，形成他们的课堂教学能力。这种训练方法对提高师范生和在职教师继续教育的教学理论水平及实际教学能力能起到较大的作用。教育实习是指深入学校实际工作中进行教学技能训练的实地训练。这种训练是实战训练，要求训练者必须将自己的理论、知识、技能全面地展现在实际教学工作上，接受全面检验。教学技能训练既是为教育实习打基础，也是为教育实习服务的，其目的是提高学生的教学能力。而教育实习是对教学技能训练的检验，是教学技能训练的继续，是学生锻炼和提高教学技能的实践平台。

三、体育教学技能训练的程序

经过多年的探索和研究，教学技能的基本训练程序得以完善，一般而言，技能训练程序包括：事前的理论学习和研究，提供示范，确定培训技能与编写教案，技能训练实践，反馈与评价，修改教案后重新进行技能训练。熟悉这些体育教学技能的训练程序有利于体育教学技能训练的顺利开展。

四、体育教学技能训练的形式和途径

体育教学技能训练不仅是技术行为能力提升的过程，也是心智技能和情感体验的过程，通过了解各项体育教学技能的基本要素，分析其运用时常见的错误和问题，从而选择有效的训练形式和途径，使提高体育教学技能成为现实。

体育教学技能训练的形式有微视（Micro-video）教学（价值体现：自主训练、及时发现问题、提高运用现代教学设备的意识和技能；过程包括：理论辅导、观摩示范、研究备课、角色扮演、反馈评价、修改教案）、微课教学（价值体现：提高解决问题的能力、彰显个性特征、节省训练时间；过程包括：课前准备、课中实施、课后反思）、教案设计（价值体现：提高体育教学的心理技能水平、提高对课堂的设计和规划能力；过程包括：明确教学目标、挖掘教学内容重点和难点、设计练习内容、确定活动组织和指导方法）、模拟上课（价值体现：感受真实的课堂氛围、提高课堂掌控能力；过程包括：选题和设计、预演和改进、完善和定型）以及说课（价值体现：提高理论运用水平、提高语言表达能力、提高教学设计水平；过程包括：研究理论积极备课、反复推敲设计过程、调整语言使其清晰流畅）等。

体育教学技能训练的途径有体育教学观摩（价值体现：促进交往、深入思考、发扬优点、改进不足；过程包括：观摩前准备、观摩中记录、观摩后反思）、体育教学技能大赛（价值体现：便于切磋交流经验、丰富培训活动形式、调动训练的积极性；过程包括：个人准备、集体培训、比赛展示、总结评价）、示范课评比（价值体现：提高教师业务、推进教学改革、规范教学行为；过程包括：精心准备、提前实践、打磨修正、灵活应变）、集体备课（价值体现：分析课程资源、发扬团队协作、提高设计质量；过程包括：自主备课、合作议课、统一定课、个体完善）和跟岗培训（价值体现：利于理论与实践相结合、亲历教学活动、有助于角色转化；过程包括：准备、实施、考核、总结）等。

五、体育教学技能训练的方法

（一）感知训练方法

人体通过感知建立与外在世界的联系，并形成直接经验。人在间接经验知识学习的过程中，常需要借助身体的感知，使知识转化成能够被感知的事物或代码，以帮助理解和吸收。所以感知是认识的基础，它为获得直接的体验，以及建立抽象概念提供了实质性的内容。随着感知经验的丰富，感觉越来越敏锐，认知活动也越来越广泛和深入。因此，体育教学技能的形成和建立首先从体育教学技能的感知觉开始。体育教学技能的感知觉训练是指通过观察、聆听、体验等方法，获得体育教学技能的主观感知，是体育教学技能形成的基础，主要的训练方法有：观摩法（包括直接观摩和间接观摩）、聆听法（指通过聆听体育教学专家对体育课的点评、研讨、说课等，积累教学技能的信息和经验）、体验法（指对某种体育教学技能的实践尝试，并获得主观亲历）。

（二）心智技能训练方法

现代教育理论对体育教学的要求越来越高，其中心智技能的地位也越来越重要，教师不仅要熟练掌握体育教学的操作技能，还必须从事教学内容编制、负荷调控等以脑力劳动为主的工作，并具备一定分析问题和解决问题的能力。因此，心智技能训练主要包括分析能力训练和解决能力训练。具体的训练方法有：评课法、设疑法和纠错法。

（三）操作技能训练方法

操作技能训练是体育教学技能训练中最重要的一个环节，根据操作技能形成的过程和规律，操作技能训练的方法包括表象训练、模拟训练和整合训练三种方法。

　　表象训练是指将与特定教学任务相关的体育教学知识或技能在头脑中重现的训练方法，其主要功能是有效建立与教学任务相关的认知结构，从而确立初步的教学活动调整机制，是定向阶段的有效训练方法。模拟训练是指在表象训练的基础上，本着从实战角度出发的训练原则，设置具体教学情境，分别对体育教学的内容编制、活动组织等进行针对性模拟练习，增强练习者的实践能力。整合训练是指将各项体育教学技能综合起来应用到教学实践中的训练方法，设计完整的体育课或教学单元，将不同的体育教学技能应用到教学实践中，形成前后连贯、合乎教学法则、优质且高效的教学技能。

第五章 体育课堂的教学技能训练

　　课堂教学即所谓的班级授课，以学生的年龄和文化程度为分级标准，班级内的教师与学生固定，教室固定，教师按照固定的课程表组织全班的教学活动。体育课堂教学是以学生的身体练习为主要学习形式的教学活动，其主要学习内容是身体健康知识、运动技术技能、心理健康等，主要目的是为增强学生的身体健康与运动能力，是一种师生多边互动的教学活动。体育课堂是学生与老师活动的主要场所。

　　体育课堂教学训练是指从事体育课堂教学，掌握和运用完成体育课教学各项任务所需要的能力训练，其中一个重要特点是实践。教师必须对各种体育教学技能进行自我培训和吸收，并且具备多方面的能力才能将一堂课上好。因此，注重教学能力的培养和训练是至关重要的。这样才能了解体育教学的基本规律，掌握多种教学方法和手段，加速教学水平的自我提升，取得好的教学效果。

　　课堂教学技能训练将课堂教学分为不同的单项，再进行逐一训练。体育教学技能是教师依据教学理论和专业知识，运用所积累的教学经验，采用一系列教学方式，使学生获得体育知识与技能，从而达到全面发展的目的。教师熟练的教学技能得到充分发挥，激发学生积极主动地参与学习活动，从而完成教学目标。体育课堂教学技能一般有：教学目标设定、导入技能、教学语言技能、动作示范技能、教学组织技能等。

第一节　教学策略设计技能训练

一、教学策略设计技能的含义

系统教学设计旨在通过精心创设的教学系统为学生提供最有利的教学条件，解决学习问题，完成教学任务，而教学策略是系统教学设计的有机组成部分。广义的教学策略不仅用来表示为达到某种教学目的使用的手段或方法，而且还用来指教学活动的序列计划和师生间连续的有实在内容的交流技巧与艺术。狭义的教学策略是指以一定的教育思想为指导，在特定的教学情境中为实现教学目标制定并实施的教学手段，以使教学效果趋于最佳状态。包括目标的设立、媒体的选择、方法的确立、活动的组织、反馈的方法、成绩的评定等。教学策略应随情境变化进行调整和优化，以便形成有效率的教学方案，达到课堂的教学目标。教学策略是由教学目标决定的，反过来又为教学目标服务，不同的教学目标应选择不同的教学策略。

教学策略是教学设计的核心环节，它具体规定了达到教学目标的序列和方法，为设计教学排序提供了指导，同时也使众多策略更具概括性，即在教学过程中，为完成特定的目标，依据教学的主客观条件，特别是学生的实际，对所选用的教学顺序、教学程序、教学组织形式、教学方法和教学媒体等进行总体考虑。有效的教学需要有可供选择的策略，并要在运用过程中不断予以监控、调节和创新。教学策略设计技能的宗旨是根据教学需求确定教学活动的步骤，并设计一种在任何时候都能为学生提供经济有效的教学及产生可靠结果的策略。教学策略的设计或制定也是一种教育思想和观念的体现，只有在教学过程中，通过教师对实施诸环节的把握，才能使学生在一定作用下逐步达到教育目标的要求。为不同学习内容提供最优方法建立在研究的基础上，经过调整，使学生积极地在新旧知识之间建立联结，形成"生成学习"，其优势是学生能对新的内容有深层理解并加深记忆，同时教师在教学中运用这些策略，以激励学生用有意义的方法加工新信息。

体育教学策略是教师在体育教学过程中有计划地指导学生学习，为达到体育教学目标和适应学生体育学习需要采取的教学程序谋划和措施。它不仅包括体育教学方法的选择与设计，还包括体育教学组织形式的设计、教学媒介的选择等内容，在具体的体育教学方法及其组合上也需要进行教学策略的设计。

体育课堂教学策略设计与制定是体育课堂教学的核心与重点环节，它关注的是学生在体育教学活动中总的认知与运动的变化过程，强调课程结构的完整性和呼应性，整个教学活动是连贯的、递进的。如从学习目标的引入及围绕目标开展一系列的教学活动，师生双方的一切活动对实现学习目标都起到积极的作用。同时，体育教学策略设计或制定还关注学生的进步、关注学用结合、关注各种能力的培养及个体获得的成功。体育课堂教学是一种师生双向参与的动态变化过程，学生是课堂上主动求知、主动探索的主体，教师则是这个变化过程的设计者、组织者、引导者和合作者，是为学生服务的，教师的课堂教学策略设计技能决定着整个体育课堂教学的行为。多年来，许多教师在体育课堂教学策略设计或制定上进行了不少实践和创新，不断从传统的以教师为中心转向以学生为主体，这无疑体现了"以学生为主体，让学生主动地生动活泼地学习"的素质教育特征。不足之处在于教师在具体教学策略设计过程中，往往过多地关心自己的教学思路，完成自己的教案，很少考虑学生的需要。因此，要使体育课堂教学策略的设计或制定符合学生的实际情况，并在教学过程中真正做到"以学生为本"，提高课堂教学效率，就要注重培养教师教学策略的选择和设计能力，以针对不同的教学对象、教学内容特点、学习的不同阶段、学习目标、教学条件、教学规律等，选用合理有效的课堂教学设计、教学方法、教学手段、教学模式、教学活动对策等课堂教学策略，解决教师"如何教"及学生"如何学"的问题。

二、教学策略设计技能的基本特征

（一）教学行为的指向性

任何教学策略的设计或制定都必须依据教学目标和学生特点，指向特定的教学目标和教学活动，规定着某种教学行为，并与教学内容、教学主体、教学过程及其规律相契合，对实现教学目的具有一定的效力。

（二）结构功能的综合性

教师、学生、教学内容、教学方法及教学环境的不同都会影响教学策略的选择与设计。这就要求教师在选择或制定教学策略时，既要遵循教学规律、符合教学的共性，还要针对具体的教学需求和条件，对影响教学策略构成的教学方法、步骤、媒体、内容和组织形式等要素加以综合考虑，研究切合教学实践的最佳教学措施，并形成具有"独特"风格的教学策略。

（三）执行的可操作性

教学策略不是抽象的教学原则，也不是在某种教学思想指导下建立起来的教学模式，而是在一定的教育思想、教学理念的指导下，以某种方式、程序、手段等具体行为体现出来的，可供教师和学生在教学中参照执行或操作的方案。偏重于实用性和操作性，有着明确具体的内容，并启发教师主动去寻找解决教学问题的途径和方式。

（四）实施的灵活性

在设计或制定教学策略和运用教学策略解决问题时，要根据不同的教学目标、内容和任务要求，参照学生的初始状态，选择最适宜的教学内容、教学媒体、教学组织、教学方法并将其组合起来。教学策略一经制定，即具有相对的稳定性，但在实施过程中，需要随着教学目标、教学任务、教学对象等教学情境的变化不断调整，教师要依据实际状况灵活掌握，设计出多种风格和特色的教学策略，以保证教学过程的有效性，更好地达到教学目标，完成特定的教学任务。

（五）教学的调控性

体育教师调节课堂教学活动的自觉意识能帮助教师优化教学进程，提高教学能力。对教学的调控能力体现了教师对体育教学过程的把握能力。

三、教学策略设计技能的构成要素

（一）教学组织策略

教学组织策略是教学策略设计的重要组成部分，是课堂教学如何进行，内容如何呈现的技能。体育课堂教学目标的完成、教学内容的实施、教学方法和手段的运用、教学过程的贯彻都要综合、集结、具体落实到课堂教学组织形式中，并对其组成部分、各部分的顺序及时间分配等详细教学步骤进行设计，教学组织策略是否科学合理，对课堂教学效果具有直接的影响。

（二）教学方法选择策略

教学方法选择策略是教学过程中，教师和学生为实现教学目标而采取的"教"与"学"相互作用的活动方式。"教"与"学"的关系是体育课堂教学策略设计中首先要考虑的问题。教学方法策略设计要贯彻新的教学观念，以学生的学习需要、教学目标的达到及教学内容的特点为依据，不仅要从学的角度审视教的问题，将教学方法策略设计的重心由教法向学法转移、由教授向指导转变，还要在教法与学法的有机结合及多种教法的综合运用上考虑教学方法的有机融合，从而谋求课堂教学整体效益的最优化。

（三）教学媒介选择策略

教学媒介（场地、器材设备、班集体精神面貌等）选择策略是在一定的教学要求和条件下，选择一种或一组可行的体育课堂教学媒介的策略。随着现代科技的发展，教学中可选择的课堂教学媒介越来越多，但各种教学媒介都有自己的特定功能和不可避免的局限性，这决定了一种教学媒介只能适应某些课堂教学情景。对于特定的教学对象、学习任务和教学目标来说，教师不仅要选择适宜有效的教学媒介，还要注重合理开发和有效利用各种教学资源，选择和设计有效可行的教学媒介选择策略，才可能取得最优的课堂教学效果。

四、教学策略设计技能的依据

（一）依据教学内容和任务

体育课堂教学内容决定了课堂教学的方式，而体育课堂教学策略的设计或制定是完成课堂教学内容的最优方式，不同课堂的教学内容或同一课堂的教学内容应采取不同的课堂教学策略。

（二）依据教学目标

教学策略设计是为完成特定的课堂教学目标设计的，有什么样的课堂教学目标，就要制定什么样的教学策略，课堂教学目标不同，其教学策略的选择和设计也不同。如体育教学之初的起始目标应是提高学生对体育学习的兴趣和信心，而后是促进学生掌握具体的知识、技能和发展态度、情感、价值观的目标。这要求教师在体育教学策略设计时，依据布卢姆的教育目标分类，将体育教学目标分成的认知目标、动作技能目标和情感目标三个不同领域、不同层次的目标进行教学策略设计。其中，对学生的认知目标、动作技能目标应根据知识和技能内在的逻辑联系、知识与技能掌握对学生认知与运动结构的促进作用、知识与技能的迁移规律、学生的主观状态等进行综合考虑，以选择或设计有效的体育课堂教学策略，而对情感目标则可选择对体育最新发展动态、与社会生活紧密联系、对学生自身发展等方面都有效的体育课堂教学策略。因此，体育教学目标是制约体育课堂教学策略设计或制定的决定性因素。

（三）依据学生的初始状态特点

学生的初始状态特点主要指学生现有的知识与技能水平、学习风格、心理发展水平等。不同年龄、性别、智力、能力、学习习惯和学习态度的学生有很大的个体差异，如果仅仅根据体育教学目标来设计或制定课堂教学策略，无视学生的不同知识经验、学习能力和认知风格等特点，则设计或制定的体育课堂教学策略就缺乏针对性和有效性。根据现代心理学理论，教学应从学生"最近发展区"开始才能达到最佳的教学效果，而学生的最近发展区与学生学习的初始状态特点有密切的关联。这要求教师要根据学生不同的初始状态特点采用不同的教学策略，最大限度地做到因材施教，才能让每个学生都从教学中获益。因此，学生的初始状态特点是制约体育课堂教学策略设计或制定的重要基础。

（四）依据教师本身的素质

如果说体育教学目标和教学对象是影响和制约体育课堂教学策略设计或制定的客观条件，那么影响体育课堂教学策略有效性的主观因素则取决于教师本身的素质与特征。教师是体育课堂教学策略的设计者、制定者、运行者和实施者，教师的教学思想、知识经验、教学风格、心理素质等决定着教师教学的风格与特点。

（五）依据教学时间和效率的要求

为保证学生的学习效率，教师应规定每一部分的学习时间和内容，并根据学生完成情况有针对性地集中启发、指导和督促学生，这样既可以让学生明确教学重难点，又可以检查学生的学习效果，同时还能针对学生普遍存在的问题进行引导和讲解。但这一模式应根据课程的任务、对象特点、教学内容、教学条件和环境等因素而变化，不能一成不变，还要根据课程的类型、特点合理安排。各教学环节具体安排如下。

1. 教学准备阶段的目的是使学生明确本课的任务、内容以及要求，激发动机、引起兴趣、调动情绪，使学生身体各系统机能迅速进入工作状态，在生理和心理上都充分做好学习的准备。时间约占整节课的 8%~15%。

2. 引导阶段的目的是学生对旧教材的复习和提高，并进一步增强学生对学好新内容的信心。时间约占整节课的 10%~20%。

3.学习新技能阶段的目的是使学生掌握新技术、新技能，完成素质练习内容，并使学生保持较高的学习热情，有针对性地满足他们的活动欲望。时间约占整节课的 45%~55%。

4.恢复调整阶段的目的是使学生由超负荷状态逐渐过渡到正常状态，以节奏舒缓的放松运动使身心恢复平静，结束整堂体育课。恢复阶段约占整节课的 5%~10%。

五、教学策略设计技能的影响因素

（一）学生的状况

在体育课堂教学中，教师无论制定和使用什么样的教学策略，最终都要靠学生的配合才能取得良好的效果，而学生的能力、已有的背景知识、学习动机、学习态度等自身的状况，都是影响教学策略设计的重要因素。

（二）教师的素质

教师作为教学策略的设计者和实施者，对教学策略的有效性有着重要的影响。教师良好的专业素质和教学风格可以收到较好的课堂教学效果，反之则达不到预期的课堂教学效果。

（三）课堂教学环境

课堂教学的环境包括物理环境和心理环境。体育课堂教学的物理环境，如场地、器材及其醒目的颜色与合理的布置等，都有助于提高学生情绪的兴奋性，激发学生的体育兴趣，形成浓郁的课堂学习气氛。同时，心理环境也不能小觑，教师和学生愉快的心境、高亢的情绪、和谐的课堂气氛，会营造一种感染力强、催人向上的教学情境，使学生受到感染和熏陶，在思想上产生共鸣，凸显课堂教学策略的有效性。

六、教学策略设计技能的原则

（一）让学生有学习的准备和愿望

任何学习都以学生已有的知识和认知技能为基础，教师在传授知识与技能时，不能超越学生现有的知识水平和认知水平，否则会引起学生知识体系和结构的混乱，影响学生的发展，而有效的教学策略设计应该既符合学生现有的知识水平和认知能力，又能够激发和维持学生的学习动机和学习愿望，让学生愉快有效地学习。

（二）有目标行为的示范

有效的教学策略设计就是要向学生展示在学习结束时应展现的行为表现，即让学生知道自己在学习结束后应该达到什么样的知识与技能水平。课前先应告诉学生学习的目标，让他们清楚学习的重难点、努力的方向和应达到的水平，把有限的资源用于有效地学习。

（三）给学生积极的指导和反馈

课堂是师生互动的地方，教师在设计教学策略时，应考虑对学生进行有效指导的时间和策略，在学生做完技术动作之后，要对其完成的动作质量予以积极的反映，做到精确判断、评价和指导。

（四）让学生了解自己的学习结果

在学习知识与技能过程中，教师反馈的信息量和反馈次数与学习速度和质量成正比。这就要求教师在学生学习知识与技能过程中，尽量让学生在知道自己学习结果（反馈的信息）的情况下进行学习，对提高学生的学习成绩起到帮助和促进作用。

（五）关注学生的个体差异

年龄、性别、能力和认知风格的不同导致学生在学习体育知识与技能时的学习方式、学习习惯、学习态度也不尽相同。教师在教学策略设计时，要关注学生的个体差异，因材施教，使每个学生都能学有所得。

七、教学策略设计技能的步骤与方法

（一）指导思想

指导思想即体育教学策略依据的理论基础。它能针对具体的体育教学策略做出理论解释，是体育教学策略核心的支撑条件。在体育教学策略的制定与实施过程中，要明确体育课堂教学的指导思想。不同的教育思想、教学理念会产生不同的教学策略。如要促进学生间的互动，就要采用群体合作体育教学策略。

（二）体育教学目标

任何一种体育教学策略都指向一定的教学目标，体育教学目标是体育教学策略的核心要素，对其他体育教学要素起到制约作用。对体育教学策略的运用，无论是活动内容还是活动细节、活动方法、活动程序等都指向体育教学目标，都为达到体育教学目标而存在，也就是说体育教学目标不同，所采取的体育教学策略也不同。为此，教师在制定体育教学策略时必须明确，通过本课教学应达成什么目标，怎样达到该目标，这是制定和选择有效体育教学策略的关键。

（三）实施程序

教学策略是针对一定教学目标组织的程序化设计，虽然没有定式，但实施程序有一定的先后顺序，并可以随教学条件的变化及教学进程及时调整和变化，以促进将已有的知识与技能转化为学生自己的知识与技能；把凝聚于知识中的智力活动方式转化为学生的认知能力；把蕴含于知识经验中的思想道德观念转化为学生的思想品德。

（四）操作技术

即体育教师运用教学策略的方法和技巧。要保证体育教学策略的有效实施就必须要制定出明确、易行的操作要领。一般包括体育教师的教学角色、作用；教学内容的依据和对教学内容的处理；教学的一般手段和特殊手段；适用范围的问题、性质等。

（五）效用评价

以教学策略与教学目标的一致性、与教学对象的沟通性、与教学情境的协调性、与教学过程的同步性等为评价标准，对其进行教学评价，可检测、调节乃至校正教学策略实施的结果和途径。

八、教学策略设计技能的选择

（一）体验性学习的教学策略

体验是指由身体活动的直接经验升华到情感、意识和技能的层面，有了体验，知识与技能学习不再仅仅属于认知、理解的范畴，而是扩展到情感、生理和人格等领域，使学习过程不仅是知识与技能增长的过程，同时也是身心和人格健全与发展的过程。体育课的体验性学习是指学生对体育知识与技能学习过程的全身心体验和掌握，具有四个特征：一是强调学生的身心参与，二是强调学习的过程性，三是强调学生的直接经验，四是强调学生的主动构建。体验性学习的教学策略主要是通过教师创设"情境"、设计"活动"、引导"思考与练习"、组织"交流"，让学生在情境中亲身参与、亲身体验，并由此掌握体育知识与技能。

（二）自主学习与合作学习的教学策略

自主学习是指在自我监控下的学习，强调学习方法的自我选择、学习过程的自我调控、学习结果的自我反馈；合作学习则是指在教师指导下的集体交互学习的过程，学生在小组或团队中共同完成学习任务，是有明确责任与分工的互助学习。在这一过程中，每位学生都有均等的学习机会，学生能获得探究与合作的心理体验，形成个性化的观点，在交流与分享过程中学会合作与欣赏。在此，教师是学生学习活动的组织者、引导者、参与者，教师关注学生的自主学习、独立思考，既重视让学生展示自己的学习过程，又重视学生之间的合作学习、交流分享，让学生既掌握了体育知识与技能、增强了体能，又提升了团队意识。

（三）探究学习的教学策略

问题是科学研究的出发点，没问题就不会有解释问题和解决问题的想法与方法。探究学习一方面强调通过问题来进行学习，把问题看成是学习的动力、起点和贯穿学习过程中的主线；另一方面注重通过学习生成问题，把学习过程看成是发现问题、提出问题、分析问题和解决问题的过程。

探究学习教学策略的基本要素是：问题、阅读、思考、讨论、交流与小结；其步骤是：创设情境—提出或发现问题—探究问题—引导反思—产生新问题—再探究。问题的来源可以是教师预设，也可以是通过教师创设情境、引发学生思考，从而发现问题，而探究过程是学生参与的过程，探究是课堂教学中学生的主要活动方式，它具有延伸性。这就要求教师首先要紧扣教学目标设计问题，以利于学习目标的达到；其次要设计开放性问题，注重对过程与方法的研究，要尽可能联系学生的生活实际，实现教学内容的开放；最后要设计生成问题的问题，培养学生的问题意识和解决问题的能力。

（四）充分利用媒体课程辅助资源的教学策略

媒体资源辅助教学是教师常用的教学策略，它利用课程资源充实课堂教学，使静态的教学内容动态化和生活化，使抽象的教学内容形象化。教师在选择媒体课程资源辅助教学时应考虑以下几个原则。

1. 目标指向性原则

要求课堂教学资源的选择和利用必须有利于教学目标的达到。

2. 全局性原则

在教学过程中，教师应利用各种教学资源传递教学信息，通过各种教学资源的有机结合，从不同角度、不同层次呈现与阐述教学内容，使教学过程既形象直观，又抽象概括，从而获得理想的教学效果。

3. 合理性原则

在选择和利用课堂教学资源时，要注意合理分配，即课堂教学资源的选择除了依据教学目标，还应考虑学校、师生的实际条件，实现课堂教学资源的优化配置。

4. 有效性原则

强调课堂教学资源在实际的课堂教学中要有效果、有效益，以是否节约了课堂的教学时间，是否有利于学生的学，是否提高了教学的效果为原则。

第二节　教学环境设计技能训练

一、教学环境设计技能的含义

就广义来说，环境是人生活其中并受其影响的客观世界。通常人们所说的环境就是指人类的外部世界，环境是人类赖以生存和发展的物质条件的综合体，它为人类的社会生产和生活提供了广泛的空间、丰富的资源和必要的条件。而从哲学的角度而言，人类的环境包括外部环境和内部环境。外部环境即为自然环境，内部环境则是我们人类自己创造的文化。我们可以将环境理解为人生活于其中，并能影响人的一切内外条件的总和。

教学环境是教学活动的一个基本要素，任何教学活动都是在一定的环境中进行的。学生在学校中的发展与其教学环境有着密切的关系，作为教学过程主体要素的教师和学生，通过自己积极的能动作用，不断地利用和发挥教学环境的有利因素，积极创造良好的教学环境，使之更好地为教学服务。

教学环境是与教学有关、影响教学并通过教学影响人的（师生）因素的总体。在教学活动中，影响教师教和学生学的一切内外条件构成了一定的教学环境，它是按照发展人的身心需要组织起来的育人环境，是一个由多种不同要素构成学校一切教学活动必需的各种综合条件的复杂系统。广义的教学环境是指影响教学活动的全部社会条件，如社会制度、科学技术、家庭与社区条件等；狭义的教学环境是指影响学校教学活动的物理环境和心理环境，如校舍建筑、教学工具、规章制度、班级规模、班风与课堂气氛、情感环境与师生关系等。这两类环境又可作为相对独立的子系统存在，并具有各自不同的构成要素。其中，物理环境是教学赖以进行的一切物质条件构成的整体，它是教与学互动的物质基础。主要由学校内部的各种物质、物理因素构成，我们还可以把教学的物理环境再划分为设施环境、场地器材色彩、自然环境、时空环境、气候环境等，它会影响学生的运动认知、情绪体验及学生的学习行为；心理环境则是由学校内部许多无形的社会、文化、心理因素构成的一个复杂的环境系统。在教学过程中，教师、教材、学生、教学手段等因素间存在密切联系，它们之间既有物质的联系，又有心理的相互作用，这种心理的相互作用构成了一定的心理环境。它是一个看不见、摸不着的无形环境，但它对师生的心理活动和社会行为，乃至整个学校的教育、教学活动以及营造积极健康的课堂心理气氛都有着重要影响，有时其影响力会超过物理环境，它与物理环境共同构成了教学环境的整体。一般教学环境多指狭义的教学环境。

传统的观念一直认为教学系统是由教师、学生、教材三要素构成的三角系统，而忽略了教学环境的影响与作用，这一观点长期支配着人们对教学活动和教学过程的认识与研究，也影响了人们对教学环境的理解与设计。随着当代教学论的发展，人们客观地认识到教学系统的运作还受到教学环境的制约，而良性教学环境对教学系统会产生积极影响，对实现教学系统目标也会产生重要作用，任何系统的运行都处在一定的教学环境中，离开了一定的教学环境的系统是不存在的，教学环境是教学系统的支撑者，从而提出了教学系统是由教师、学生、介体、周体四要素构成的"四体"模型。其中介体包含了部分环境因素（如教学设备），而周体即为教学活动的外围环境，这一模型尽管还不完善，但它确定了教学环境在教学系统要素结构中的地位。

体育教学环境是贯穿于体育教学过程中，影响教和学的物质因素与人文因素的总和，是学校实现体育教学活动所必需的多种客观条件的综合。它是按照体育教学活动中人的身心发展的特殊需要组织起来的环境。

从体育课堂教学活动的角度来看，体育课堂教学环境主要包括体育活动所需要的体育场（馆）、体育器材设备、学校的体育文化氛围、教学的群体规模和组合、课堂的教学环境、课堂的教学气氛等，这是体育课堂教学活动不可缺少的客观条件，体育课堂教学活动一刻都离不开教学环境的依托，而各种环境因素也以不同形式渗透、参与在体育课堂教学活动的各个方面或各个环节中，以各自特有的方式潜移默化地影响、干预着体育课堂教学活动的进程与效果。如体育学习的一个重要特点是动态性，它的空间范围相对较大，空间因素就会对学生产生很大的心理影响，班级规模、器材的摆放、教师组织活动的位置、练习的队形、方向等因素会对学生产生不同的学习效果。

从体育课堂教学活动的要素构成来看，体育课堂教学环境与体育课堂教学活动的各个要素都发生密切联系和相互作用，二者间的相互关系表明，体育课堂教学环境对体育课堂教学活动的各个要素都产生着直接或间接的影响，表面上体育课堂教学环境只处于体育课堂教学活动的外围，是一种外在的环境条件，但它对体育课堂环境主体产生的影响作用却是巨大的。

从体育课堂教学环境在体育课堂教学活动中发挥作用的性质来看，首先是环境对体育课堂教学起到增效作用，如先进的体育场地设施、标准充足的体育器材等，这些是保证、支持和促进课堂教学活动顺利进行的各种物质环境，并通过对课堂教学活动主体的影响作用于教学过程，而对心理环境增效作用的发挥则主要是通过建立良好的人际关系，形成积极向上的校风或班风，引导健康的集体舆论去激励、感染、熏陶、强化学生的认识、情感和行为，进而对课堂教学活动的整体效果起到很大的增效作用。其次是环境对体育课堂教学起到减效作用，不良的课堂教学环境可以降低课堂教学效果。如较差的体育场地设施、恶劣的天气、紧张的师生关系、不良的学习风气等，都会导致学生对体育学习不感兴趣，缺乏积极性、主动性，这就要求教师通过对课堂教学环境进行不断的调节、控制和优化，尽力排除和抑制不良课堂教学环境的影响。

从体育课堂教学环境表现特征来看，体育课堂教学环境具有特定的环境区域，以学习多种体育技术、技能为主的体育实践课教学，大多是在室外专门特定教学场所进行的。体育教师和学生作为体育课堂教学环境的主体，他们频繁的身体接触活动，不断的交流、互动与角色位置的转变等，形成了体育课堂教学特有的各种社会关系和社会心理气氛，具有特定的环境内涵。体育课堂教学环境设计不仅要符合体育竞争与合作的教育意义及要求，还要不断地进行必要的调节控制，使之朝着有利于体育课堂教学的方向发展。

二、教学环境设计技能的特点

（一）潜在性

良好的体育课堂教学环境设计是有效开展体育课堂教学活动的前提，是体育课堂教学活动能顺利进行的基本保证。在体育课堂教学过程中，良好的体育课堂教学环境设计具有积极的导向、陶冶、激励和健康作用，会促使学生在良好的体育课堂教学环境里受到潜移默化的影响，对学生身心和谐发展有着重要的意义。

（二）双向性

体育课堂教学环境设计不仅影响着学生的认知和学习情绪，还影响着学生的学习动机和行为，也影响着学生的学习效率和效果，具有巨大的教育价值。学生不是单纯、被动地接受体育课堂教学环境的影响，其自身就是重要的影响因素，又反作用于体育课堂教学环境，对体育课堂教学环境发生积极或消极的作用。

（三）目的性

体育课堂教学环境设计不是随意的，是教师按照体育课堂教学目标、学生的身心发展特点以及体育课堂教学的基本规律，科学地、有目的地、有计划地选择和设计的。教师应运用体育课堂教学环境，帮助学生积极体验，主动探究知识、发展能力。

（四）可控性

在体育课堂教学过程中，可以随时根据课堂教学活动的目的和需要以及课堂教学环境的变化，不断地对体育课堂教学环境进行必要的、适当的调节和控制，以充分发挥体育课堂教学环境对学生身心发展的积极作用，抑制或消除不利于学生身心发展的消极因素，优化体育课堂教学环境，从而使体育课堂教学环境向有利于课堂教学活动的方向发展。

（五）复合性

体育课堂教学不仅表现在教学目标的多样性和教学内容的丰富性方面，还表现在整个教学活动组织工作的复杂性和多变性方面，体育课堂教学的这些特点决定了体育课堂教学物理环境及心理环境的复合性。

三、教学环境设计技能的功能

（一）导向功能

体育课堂教学环境是根据提高学生体质健康水平的社会需要，学校的客观教学条件与体育文化传统，不同学段学生年龄、性别等身心发展状况及需要而组织设计的体育课堂教学育人环境，其中包含了一种文化精神、价值取向及社会、学校和教师对学生的一种期望，而这些要求和期望渗透在体育课堂教学的各种环境因素中，并通过各种环境因素的综合作用，不仅体现出教师的体育教学思想，还引导和规范着学生的行为，塑造着学生的人格，并激发学生的体育兴趣和爱好，养成体育运动的意识和习惯，促进他们身心全面协调发展，以形成文明健康向上的良好生活方式。

（二）陶冶功能

通过各种有形、无形或物质、精神的体育课堂教学环境因素的综合作用，塑造文明、和谐、活泼向上的课堂教学环境是至关重要的。这样的课堂教学环境能潜移默化地熏陶学生的情操，净化他们的心灵，培养他们的审美情趣以及养成他们良好的体育道德品质和行为习惯，对实现体育课堂教学目标乃至学校体育目标都具有重要意义。

（三）激励功能

优良的体育场地、器材设备及布置，体育教师优美的语言、仪表和示范动作，丰富多彩的体育活动等共同构建了融洽和谐的体育课堂教学的优美环境，并在学生参加体育学习、锻炼目标与良好的体育课堂教学环境相互影响下，不仅成为激发学生参加体育运动的外部环境诱因，也成为激发学生体验运动的欲望和参与运动的内部动机，给师生心理上带来了极大的满足感和愉悦感，进而成为提高学生体育学习积极性和自觉性的行为动力，同时有效激励了体育教师的工作热情，推动体育课堂教学的顺利进行。

（四）健康功能

体育课堂教学环境是师生长期生活、学习、工作的环境，课堂教学环境的优劣直接关系到教师和学生的身心健康。一个卫生条件良好，没有污染和噪音，教学设施充足、安全的体育课堂教学环境，可以有效地促进师生特别是学生的身心健康。

四、教学环境设计技能的构成要素

（一）体育教学物理环境设计技能的构成要素

1. 体育教学场所和设备

体育教学场所具有一定的特殊性，除了包括各种不同功能的教室，还包括各种体育场馆和场地等；体育教学设备不仅包括图书资料、测量或测试仪器、电化教学设备等常规教学设备，还有球类、单双杠、健身器材等体育教学器材设备等。这些体育教学场所和设备是开展体育教学活动必备的条件，对完成体育教学任务起到重要作用。

2. 体育教学的自然环境

体育教学大多是在室外体育场地或特定体育场馆内进行的身体活动，自然环境对体育教学的质量和效果影响很大，如学校周边的地形、树木、草地、气候环境等。这就要求在体育教学中，因地制宜，从实际出发充分利用、合理开发或改造学校的体育教学自然环境，为提高体育教学效率、顺利完成教学内容及达到预期教学目的服务。

3. 体育教学信息

体育教学过程是各种信息相互传递、接收的过程，体育教师和学生都可成为信息的输出源和接收源。从信息的内容看，主要是体育学科知识信息和管理维持教学秩序信息；从信息传递过程看，主要有体育教师传递给学生有关体育教学内容的本体信息，以及调控本体信息有效传递的控制性反馈信息；从信息的性质看，主要有对完成体育教学任务具有积极意义的有效信息，以及对其起消极和干扰作用的干扰信息。体育教师应根据具体的教学目标和内容对各种体育教学信息进行科学处理。

4.班级规模

在体育课堂教学中，班级的人数一般应控制在 20~40 人为宜，如果班级人数太多，不仅会加大教师教学组织工作的难度，也不利于教师因材施教，满足学生的不同需要，而且还会影响学生学习的效率。

5.队列队形

体育课堂教学中教师组织教学的队列队形站位一般采用长方形、对话型、圆形、马蹄形、小组型等方式。课堂组织教学的队列队形站位方式反映出教师与学生的空间位置关系，它直接影响着教师与学生的交流与互动，并对学生的学习动机、学习行为及学习成绩都会造成一定影响，但课堂教学采用何种站位方式主要取决于具体的教学任务和内容，且必须有利于教师和学生间的交流与互动。

（二）体育教学心理环境设计技能的构成要素

1.校风与班风

校风是指一个学校的社会气氛，是一种集体行为风尚，是一种无形的环境因素，也是一种巨大的潜在教育力量；班风是指班集体的所有成员在长期的交往中形成的一种共同心理倾向，它是一种无形的约束力，不仅能塑造学生的态度和价值观，也能影响学生课堂的学习活动。校风与班风都是依靠群体的规范、舆论、内聚力等无形的因素来影响学生的态度、价值观及课堂学习表现的，对师生双方的课堂行为以及个别化教学实施也有极大影响。

2. 学校体育传统与风气

一所学校在体育方面养成并流行的带有普遍性、重复出现和相对稳定的集体行为风尚，是校风的有机组成部分。良好的学校体育传统与风气对学生会产生潜移默化的影响，对形成学生正确的体育态度、兴趣、爱好，养成良好的体育锻炼习惯，提高学生的体育文化素养等都有非常重要的作用。

3. 体育课堂常规

这是在体育课堂教学中为完成教学任务对师生提出的共同要求，如体育课要求师生都应该穿运动服和运动鞋、课开始前要师生问好、课结束后要师生道别等。这些表面上看似微不足道的小节，其实却隐含着巨大的教育作用，并对师生的课堂行为具有极强的规范和约束作用。

4. 体育课堂心理气氛

体育课堂心理气氛是指师生在体育课堂占优势的态度与情感的综合表现，包括师生的心境、态度、情绪波动、师生间的相互关系等。在课堂教学过程中，师生间、学生间频繁的身体、心理和情感等方面接触本身就带有一定的情感色彩和很强的感染力，形成学生心理上的共振、情感上的共鸣，使学生的情绪表现趋向一致，从而形成某一时刻的集体心理气氛，并持续一段时间甚至整堂课。但有时也因教学内容、方法的改变，学生动作不协调或失败，从而对学生的情绪产生影响，因而，体育课堂具有相对稳定性和流动变化性的特点。

体育课堂心理气氛的好坏主要取决于学生对课堂教学目标和任务是否认同；对教师的要求与作风是否心悦诚服；教师对工作现状是否满意；师生间是否友好等。积极的课堂教学气氛有利于师生间情感和信息的交流，能最大限度地引发和调动学生学习的积极性和自觉性，有助于学生树立克服困难的勇气和信心，实现课堂教学目标和完成教学任务。

5. 体育教学的人际关系

是指学生在体育教学过程中相互交往形成的各种关系，包括校领导与教师的关系、教师的关系、师生的关系、学生的关系等。这些关系构成了体育教学的人际关系及互动过程，提高了学生的社会交往能力，直接影响到体育课堂的教学气氛及学生参与活动的态度和积极性，进而影响课堂教学的效果。

五、教学环境设计技能的依据

（一）体育教学物理环境设计技能的依据

1. 以培养学生全面的基本活动能力和身体素质为依据

体育课堂教学的重要任务之一就是发展学生的基本活动能力，使学生掌握运动技能，发展体能，形成良好的生活方式，促进学生身心健康发展。这要求体育器材设备的设计与布置必须要从学校体育教育和体育课堂教学的整体需要出发，全面、多样及最大限度地发挥其教学、休闲、娱乐、审美等方面的综合功能，以促进学生机能、体能、技能的协调与全面发展，环境设计不但要满足体育课堂教学的需要，还要满足师生开展课余体育活动的需要。

2. 以符合学生身心特点为依据

中小学生正值生长发育时期，他们有与成人不同的身心特点，调查表明，目前在中小学广泛使用成人化的体育器材设施现象非常严重，这不但使学生在体育课堂学习过程中难以学会或掌握运动技术、运动技能及发展体能，有时甚至由于负荷过大难以承受而造成肌肉拉伤或内脏损伤，对学生的身体造成显性或隐性的伤害，给学生的心理形成很大的压力和负担，从而促成"惩罚"反馈过度，使原来的正诱因向负诱因转化，这必然会导致学生的体育学习兴趣降低、动机减弱。因此，在进行体育课堂教学环境设计时，体育器材设施的规格、颜色、布局等必须要符合学生的身心特点。

3. 以因地制宜地营造良好体育气氛为依据

中小学体育场地、器材设施严重不足是长期困扰学校体育教学正常进行的不争事实，只有采取因地制宜、自力更生、就地取材、土洋结合、以土为主的办法，充分挖掘和利用学校的条件优势和环境资源，科学设计、巧妙布置各种体育器材设施，才是摆脱困境的有效办法。

4. 以合理布局体育场地设施为依据

首先，中小学体育课一般都要完成两项教材内容，器材安排应顾及教学内容，器材摆放要尽量避开其他物体，对于分组练习项目也应注意器材摆放的位置、距离、方向，避免相互干扰，还要避免光线的直射或逆风等。其次，体育场地器材的布置要尽量在教师的视野范围内，以利于管理和掌控。再次，各种场地器材的布置应整洁、具有美感，以便有利于学生克服心理障碍，激发学生的运动兴趣和调动他们的积极性。最后，使用各种场地时应用简洁、清晰的线段标画出场地适用范围或运动路线，使标志醒目、器材有序、便于学生辨认。

（二）体育教学心理环境设计技能的依据

1. 以符合学校体育传统与风气为依据

学校体育传统与风气的形成是学校为实现学校体育的共同目标，经过长期努力，在体育教育教学方面养成并流行的带有普遍性、重复性、稳定性的体育文化氛围与环境，是师生共建的一种校园体育文化及校风的组成部分。作为一种良好的体育教育教学环境，对学生能产生潜移默化的影响，有利于学生形成参与体育的积极态度与体育价值观，提高学生的体育文化素养。这要求教师在进行体育课堂教学环境设计时，要符合学校体育的传统与风气，并促进其不断发展。

2. 以创设体育课堂教学心理环境为依据

在体育课堂教学中，教师、学生、教材、教学手段等因素间存在着紧密的联系，既有物质联系，又有心理联系，这种相互心理作用就构成了一定体育课堂教学的心理环境。良好的体育课堂教学心理环境有利于沟通体育教学信息，交流思想，促进教师与学生、学生与学生间的心理交融和情感交流；有利于克服和消除学生生理和心理疲劳，提高课堂教学效果；有利于维护正常的课堂教学秩序，顺利完成课堂教学任务。

3. 以形成体育课堂教学良好人际关系为依据

在体育课堂教学中，教师通过调整和把握自己的课堂教学行为来优化课堂教学中各因素间的关系，培养学生积极的心理状态和体育学习行为。良好的师生之间、生生之间的互动关系能营造出积极健康的体育课堂教学心理环境，学生在这种外在环境作用下产生了新的内在心理环境，其心理结构也得到了重组和优化，从而塑造了学生良好的心理品质，这是形成体育课堂教学良好人际关系的基本途径。

六、教学环境设计技能的原则

（一）协同性原则

构成体育教学环境的要素十分复杂，其中既有物质的又有精神的，既有有形的又有无形的，这要求在设计体育课堂教学环境时，要从整体上把各种要素加以合理组织安排，并进行调整和规划，以便把各种环境因素有机地协调整合起来，有效发挥其最佳效能。

（二）科学性原则

这一原则要求在设计体育课堂教学环境时，必须要从课堂教学目标与教学内容的实际出发，尽可能满足体育课堂教学的实际需要，要考虑不同学段、年龄、性别学生的身心发展规律，尽可能满足大多数学生的体育学习需要，并在适当考虑少数特殊学生的个性发展要求的同时，也要符合运动学、教育学、心理学、学校卫生学等方面的基本原理。

（三）主体性原则

这一原则要求在设计体育课堂教学环境时，必须要以学生为本，充分重视学生的主体作用，要体现出对学生的人文关怀，努力营造和谐并充满人性与民主平等的气氛，培养学生对体育课堂教学环境的责任感，提高学生对体育课堂教学环境的自控自理能力。设置课堂教学环境时，不仅要考虑安全、卫生及体育场馆的颜色与光线等要符合学生用眼卫生和视觉要求，还要考虑器材设施的布置要符合学生的生理特征。

（四）实用性原则

这一原则要求在设计体育课堂教学环境时，应根据学校的实际情况和经济条件，从经济、实用、有效的宗旨出发，针对学校体育目的有意识地通过突出学校体育环境的某些特性，形成特定的环境条件来影响学生、促进学生的身心发展，从而更好地为体育课堂教学服务。如体育课堂教学可以充分利用学校的地形、地貌和地物等特点进行课堂教学环境设计。

七、优化教学环境设计技能的策略

（一）优化体育课堂教学物理环境设计技能的策略

1. 体育课堂教学物理环境的和谐美观策略

对体育课堂教学场地和设施设计时要注意整体规划，既要体现体育课堂教学场地和设施与其他建筑和设施间的协调一致，又要确保体育课堂教学场地和设施之间合理布局、协调一致，并能与自然环境形成既和谐又分明有序的有机整体。

2. 体育课堂教学物理环境的安全卫生策略

体育课堂教学场地和设施、课堂教学的自然环境及组织教学的队列队形布置、设计与调动等，要必须符合整洁卫生和安全的要求，最大限度地避免课堂教学环境对学生身体的伤害和对健康的不利影响。

3. 体育课堂教学物理环境的突出特色策略

在对体育课堂教学物理环境设计与优化过程中，要充分利用学校已有的各种有利环境，并充分挖掘、精心设计，创设具有鲜明校本特色的体育课堂教学环境。

4. 体育课堂教学物理环境的筛选策略

在调节与控制体育课堂教学环境过程中，要对体育课堂教学环境中的各种信息进行一定的选择、加工和提炼处理，要尽量保留有利于课堂教学与学生健康成长的各种信息，排除各种不良信息，使之能为提高课堂教学质量服务，实现体育课堂教学信息的最优化，使体育课堂教学信息成为促进学生健康发展的积极因素。

5.体育课堂教学物理环境的变通调适策略

在体育课堂教学过程中，针对体育教学的自然环境及班级规模等无法改变的教学环境可利用学校其他可用的空间进行体育教学活动，或运用对班级进行分组教学等变通或调适的方法和手段来优化课堂教学环境，使之能满足课堂教学的需要，使教学环境能为提高体育课堂教学质量和促进学生健康成长服务。

（二）优化体育课堂教学心理环境设计技能的策略

1.建立正确的舆论与规范

要想形成良好的体育课堂教学环境，教师必须注意形成良好的班级舆论与规范，使群体舆论和规范不仅要与社会规范有一致性，还要使其与学生的个人价值趋同，并要结合体育课堂教学内容特点，随时对班级舆论与规范进行正面引导和监督。

2.形成和谐的人际关系

在体育课堂教学过程中，教师应采取适当的教学组织形式对学生进行引导、鼓励，并努力做到挚爱、尊重、真诚、平等，维护教师与学生、学生与学生之间平等、和谐的人际关系，从而激发学生的学习热情、内在潜力和创造力，使学生在掌握体育知识与技术过程中行为上与教师产生共鸣，建立和形成良好的课堂教学心理环境。

3.加强体育课堂教学管理

体育教师坚持不懈地贯彻课堂常规、严格管理课堂教学并能以身作则，且通过各种方法发挥体育骨干的作用等行为，不仅可以帮助学生进行自我管理，提高他们的自我约束力，还可以对学生的体育态度与行为乃至思想品德都会产生潜移默化的积极影响，同时对课堂教学心理环境的形成也具有积极的促进作用。

4.营造宽松、和谐、民主的体育课堂氛围

在体育课堂教学过程中，教师要注意及时合理地处理好教学中出现的各种消极因素或偶发事件，以防干扰正常的课堂教学气氛和教学秩序。同时还要注重培养学生主动参与体育学习的态度与习惯，注重教师与学生、学生与学生间的情感交流，鼓励学生大胆质疑、求异、创新，创设和营造宽松、和谐、民主的体育课堂学习氛围，这些都对实现体育课堂教学目标具有非常重要的促进作用。

5.充分发挥榜样和典型的作用

体育课堂教学过程中的榜样和典型主要是指教师的人格魅力和学生榜样。这要求教师不仅要以身作则，用积极的个性品质和教学风格影响和感染学生，创造愉快、轻松、良好的课堂教学气氛，还要强化学生积极的个性行为，使这些良好的个性行为成为全体学生的榜样和典型。

第三节　体育课堂的教学语言技能训练

　　语言是人们沟通的桥梁,体育课堂的教学语言技能是教学中运用最广泛、最基本的技能。教师对学生进行思想政治教育、传授体育知识、指导体育动作等都需要教学语言,语言还能促进学生观察、分析和解决问题能力的提升。教学语言是保证一切教学活动正常进行的最基本的行为方式。教师不仅要正确地运用教学语言,还要不断提升语言的表达能力以及对语言的审美,使语言准确、生动、具有启发性。因此,要提升体育教师的教学能力与文化素养就必须训练其教学语言技能。

一、教学语言的基本技能

教学语言的基本技能主要由节奏、语气等要素构成。

(一)节奏

节奏包括语速的快慢、吐字的轻重、语调的升降、句子的停顿等。

　　节奏的快慢不可忽视。教学课堂中教师的口语速度以每分钟 200~250 字为宜,但要视课堂情况做适当调整。关键字词的速度要慢,以便学生听清、理解,"慢"是指字音稍长,停顿多,而时间长;"快"是指字音短促,停顿少,时间短,连接多。快与慢在语句中的分布不等,教师需平衡把握,做到"快而不乱""慢而不断""快中有慢""慢中有快"。节奏变化也要注意吐字的轻重,从而表达出词语的主次关系，要选好重音词，做到欲重先轻、欲轻先重。另外，为避免讲课节奏单一，教师要加强声音轻重、高低、快慢的对比，注意抑扬顿挫。

抑扬顿挫是节奏变化的一种主要方法，其中包括欲扬先抑和欲抑先扬，从而出现明显的节奏变化。停顿的使用能够控制语言节奏，引起学生的注意，促进学生的听、想、思能力的进步，对于难度较大的教材和重点内容更应如此。

（二）语气

语气作为语言的情感音调，体现出人的情感态度。在语言学中，语言属于句子的"式"，并用一定的语法关系表示情感。如命令语气的句子有"全体起立""全体坐下"等。疑问语气有"你摔伤了吗？""你练习了吗？"等。"你认识我"是陈述语气。了解和表达各种语气可以通过"的""了""吗""呢"等语气词和语调来完成。

讲课时人的情感变化可以通过语气的变化体现出来。语气的感情色彩指态度与感情融为一体，包括是非的态度（这是正确的、那是错误的）与爱憎的感情（我爱你、我恨你等）。而语气的分量指是非、爱憎的不同程度（我同意、我不同意、我非常不同意、我反对、我坚决反对等），即表达时态度情感的程度、火候不同。而课堂中教师语气的感情色彩和分量要以对学生的爱为出发点，体现出真善美的教学要求。

1. 教师善于变化语气

在体育教学中，不同的教学内容需要使用不同的语气，教师的语气要时而温和时而深沉，带给学生不同的心理感受。同时，教师需要有同意、反对、赞许、批评、感叹等不同语气的变化。

2. 教师根据实际情况把握不同语气的变化

教师语气的不同产生的教学效果就不同，疑问的语气具有启发学生积极思维的效果；肯定的语气具有鼓励学生继续努力的效果；批评的语气要适当使用，要明确指出学生的不足之处，这样能够使学生更快进步，但应避免一味指责以免产生消极效果，挫伤学生的积极性。

体育学科的特殊性，即参与人数多、练习形式杂，具有竞争性和对抗性等特点，课堂教学中经常会出现碰撞、摩擦等问题，教师需掌握实际情况后合理运用多变的语气恰当地解决问题。不能大声呵斥，简单粗暴，切忌用不文明、粗俗、嘲笑、威胁的语气压制学生。

二、教学口令语言技能

口令语言是体育教学中特有的，是一种专业性的教学语言，是教师通过口头发布命令的一种语言形式。口令语言建立在教学基本语言的基础之上，用于指导活动。教学口令语言具有一定的语义和情感，其吐字、发音、语速等与教学基本语言有共同之处。不同之处在于口令的音量、音域以及音的高低变化幅度与教学基本语言存在着较大的差异。口令语言有着声音长短、高低、强弱、间歇的变化，具有命令和要求的语气，主要由字、词、数字等构成，并以固定的语言节奏方式组合而成。从某种程度来说，口令语言是夸大了的抑扬顿挫的延续，它是体育教师特有的一门语言艺术。

（一）口令的分类

口令有不同的分类方式，根据口令下达的内容与方法，可将口令分为短促口令、断续口令、连续口令以及复合口令。

（二）口令的运用

1.发音准确、洪亮、清晰

口令的发音首先必须清晰洪亮，发音器官产生共鸣即可达到这一效果。发音需要借助胸音和腹音。其中胸音一般用于短促口令，通过胸腔的张缩来发音。短促口令一般只有动令，如"稍息""立正"以及用数字表示的节奏口令等，不停顿、不拖音。腹音一般用于发拖音的口令，通过小腹向上提气发音，为丹田音。腹音一般用于断续口令或复合口令，如"向右——转""向前——看"等。

口令一般包括预令与动令。预令是说明要做什么动作，而动令是命令动作的开始，不决定动作的性质。预令切忌吐字不清而使学生无法理解，预令必须清楚洪亮，还要有一定长度的拖音，具体要视学生人数而定，以给学生充分的准备时间。动令的下达表示动作的开始，必须短促有力，音调要高于预令，两者之间的间歇时间要由学生队伍的范围大小而定，动令的下达须果断，使学生能迅速作出反应。在体育教学中少数口令只有动令而没有预令。

2. 口令发音具有节奏感

口令的下达要有节奏感，掌握语音、语调、停顿等要素，结合学生的实际情况进行适当合理的变化，且要富有情感。

口令声音的大小由学生队伍的长度和范围决定，应该以全体学生都听清为原则，音量的大小不能平均分配，一般口令的最后一个字音量音调要高，没有音调的高低变化，口令就会失去作用，变得单调乏味。例如，广播体操的口令时高时低、时轻时重，尽管不断重复，但不失活泼欢快。

停顿也是构成节奏的重要因素，预令与动令之间的间歇停顿要适当把握，停顿过长或过短都会造成学生动作不整齐。而对于时间较长或较为单调的口令，教师可以适当设置停顿，避免口令枯燥无味。如行进间步法练习"1—2—1—×—1"口令，其中 × 表示停顿，可以穿插运用"1—2—×—1"的停顿方法或"1—2—1—2—1"的连接方法。

3. 突出主音，坚定果断

教师要将口令中的重点字词发清楚，突出主音，对于表示动作方向和数量的字要喊清楚，音量加大，拖音也要加长。如"向后——转"，要突出"后"字，"向前 × 步——走"，要突出数字。此外，动令一般发第一声，比如"齐步——走"中"走"字发一声"邹"音，"立正"中的"正"发，一声"征"音。

口令的发布是命令学生开始或停止某个动作，要能使学生做到有令则行、有禁则止，教师的语气必须严肃而果断。为了使命令立即被执行，教师发布口令前应注意时机的把握，根据学生的状态适时地切入，同时使学生注意力集中，因此，教师的口令必须坚定果断、具有权威。

三、教学语言技能的训练

（一）呼吸训练

教师与学生交流的最主要的载体是声音，声音能表达人不同的情绪，所以教师至少要追求最基本的美感，追求声音的洪亮、悦耳。而这些都取决于气息的控制与呼吸方式。

1.吸气练习

吸气体会横膈膜的运动，手被腹肌往外推。主要分两种情况：慢吸（如闻花）；快吸（如受到惊吓"倒吸一口冷气"）。

2.呼气练习

注意均匀平稳地慢慢呼出，具体方法有：吸一口气后数数，对着纸条说话但保证纸条不摆动。

3.换气练习

换气可通过绕口令进行练习，如一口气说出：出东门，过大桥，大桥底下一树枣，拿着竹竿去打枣。青的多，红的少。一个枣儿，两个枣儿，三个枣儿，四个枣儿，五个枣儿，六个枣儿，七个枣儿，八个枣儿，九个枣儿，十个枣儿。

（二）共鸣训练

共鸣器官的合理正确的训练能使音量扩大、音色美化、传送距离更远。

首先，扩大共鸣腔，体会张嘴咬苹果或打哈欠时整个发声通道畅通无阻的感觉。口盖抬起并收缩为拱形，舌头放松，喉头处于吸气时的位置。但扩大共鸣腔的前提是不失其本来音色，要适度扩大。其次，控制舌头，多数女性发音部位偏前，声音单薄，而男性发音部位偏后，声音含混不清，这都是因为舌头控制不当，前部举得过高或舌根下压过低。可以多练习：i、ia、ie、ian、in、ü、üe。再次，学会控制共鸣腔的肌肉紧张程度，音升高时应逐渐增加口腔开度；音下降时减小开度，但要为控制气流肌肉继续保持紧张。最后，注意发挥咽肌的作用，它能使软腭闭合紧密，防止漏气造成多余的鼻音。在控制唇、齿、舌时协同控制咽肌。

（三）吐字发音训练

首先，教师必须用准确的普通话吐字发音，不能用"错字""白字""方言"，避免师生的语言交流受到阻碍。其次，要做到语音标准、语法规范、语言流利、语气恰当等。

第四节　体育课堂的导入技能训练

导入技能是体育课堂内容或活动开始前，教师为使学生做好学习新知识的心理准备，明确学习目的和建立知识间的联系，从而把注意力集中到课堂任务上，而采取一定手段的教学行为。教师通过设定教学目标、创设问题情境，激发学生的学习兴趣与学习动机。

课堂内容的导入是产生有效学习的必要条件，教育学和心理学理论充分证明了这一点。根据同化理论，新的认知结构的吸收会使学生头脑中原有的稳定的认知结构发生变化，而导入的设计就是为打破旧的认知结构和形成新的认知结构做好铺垫。

导入技能的运用不仅体现在每堂课，还体现在每门课程、每一章节甚至某一知识点的开始阶段。教师实施导入，首先要参照新的教学内容和教学目标，根据学生的心理和年龄特征以及现有的知识经验与能力，精心设计导入的方法与过程，引起学生产生兴趣并积极思考。

一、课堂导入的作用

（一）吸引注意力，进入学习状态

注意力对学生的学习非常重要，注意力的高度集中能使学生处于忘我的状态，对所注意的事情专心致志，提高抗干扰能力，从而提高学习效率，让记忆更加牢固。在体育教学中，注意力的作用更加明显。体育课的视野广阔，学生注意力受环境干扰大。教师要用有效的方法将学生的注意力转移到课堂任务上来，使学生快速进入学习状态。

注意包括有意注意和无意注意两种，导入过程的设计必须掌握两者间的规律，即无意注意可以转化成有意注意。客观刺激物的强度、变化、新奇性是引起无意注意的主要原因。例如，生动幽默的语言、抑扬顿挫的节奏、有趣的悬念等。教师要设计多样的导入过程引起学生的无意注意，并将其转移到对教学活动的有意注意上。

（二）引起兴趣，激发学习欲望

兴趣是最好的老师，不仅能提高学生的积极性，还能活跃课堂氛围。兴趣是学生主动学习的内在动力与直接动机，面对学习中存在的各种困难，学生强烈的学习欲望与坚韧不拔的毅力都来自其自身浓厚的兴趣，兴趣使其精神振奋、情绪愉悦。教师要谨慎选择和运用各种导入艺术，自然地激发学生对学习内容的兴趣。课前教师应深入了解学生的心理特征与年龄特点，使导入更符合学生的口味，以期收到良好的效果。

（三）启发思维，增强主动性

学生是学习活动的主体，教学成功最基本的保证是启发学生思维，增强其学习的主动性与积极性。启发是教学过程中必不可少的手段。运用导入技能，教师可以通过形象生动的语言陈述或示范提出具有启发性的问题，吸引学生的注意力，要求学生通过学习找出解决问题的方法，启发学生的积极思维，提升学生分析问题和解决问题的能力。

（四）明确目标，引出学习主题

在体育课堂教学中，教学导入是教师为了让学生明确课堂学习内容和学习目标，了解基本的教学程序以及该内容对其身体素质、机体能力的影响和作用，让学生对于学习的方向有清晰的认识，进而能够定向地、明确地、积极地学习新知识。

（五）沟通情感，活跃气氛

导入是知识传授的开始，也是师生情感交流的开端。导入不仅具有引起注意、激发兴趣、诱发思维和明确目标的功能，还能激发师生的情感，营造和谐的课堂意境，使师生在良好的氛围中进行学术情感的交流，体育课堂中合理的教学导入能使学生获得完美的学习体验，从而提高课堂教学效果。

二、导入技能的类型

教学有法，但无定法，导入设计也无固定的方法，它取决于不同的教学主体和教学内容。体育课内容丰富多彩，一般分为理论与实践两部分，实践部分又包括体操、武术、田径、球类等，导入方法应视具体教学内容而定，根据教材和对学生的了解程度，分析学生年龄和心理特点，选择设计合适高效的课堂导入。体育课堂教学导入类型主要有以下几种。

（一）情境导入

情境导入即通过语言、设备、活动等手段，创设一种符合教学需要的情境，以引起学生学习兴趣和欲望。在体育课堂教学中，教师要善于利用课堂的教学任务，设计特定的情境，因势利导，揭示教学主题。情境导入方法的形式要变化多样，以此来活跃课堂气氛。例如，教师在某节课堂中要开始前滚翻的教学，运用情境导入法，在学生做好准备活动之后，有意迟到并急忙跑向操场，以引起学生注意，再顺势在体操垫上做一个漂亮的前滚翻，由此学生被教师的前滚翻吸引，产生崇拜心理并跃跃欲试，快速进入学习角色。

体育教师不仅可以利用自然条件，还可以自行创设情境，如教学场地的布置和教辅设备的安放设计等，利用环境对学生的刺激激发学生的学习兴趣。但需注意一定要精心设计、巧妙构思，充分调动情境诱导，避免出现导而不入的情况。

（二）竞争导入

学生主动学习源于其内在的学习动机，这直接关系到学习效果的形成。培养与激发学习动机，竞争是重要因素之一。通过分析教材内容特点以及学生的身心状况，教师利用学生的竞争心理，适当合理地将竞争导入教学中，诱导竞争，并将其转化为学生的学习动力。例如，在田径课的教学中，学生容易产生枯燥感，教师可利用竞争心理，设定"打破纪录"这样一个目标和竞争对象，激发学生的竞争意识和学习主动性，最终获得理想的教学效果。

（三）直观导入

直观导入是指教师运用实物、多媒体演示、动画演示、动作示范、演示实验等直观的手段对学生的视觉、听觉、触觉等感觉器官进行直接刺激，使学生对知识结构形成更深刻的知觉与感性认识。这符合学生的形象思维特点。

演示导入，指教师通过组织学生观看技术动作图片、视频、多媒体课件及实况录像等直观内容，导入新的教学内容。使学生获得感性认识，建立清晰的知识表象，促进学习新知识的正确心理定式的形成。

示范导入，就是动作示范，是教学中最常用的教学方法，一般由教师或学生进行具体动作的示范，利用正确动作示范和错误动作示范的对比让学生形成正确的动作技术概念，加深对正确动作的理解。准确而优美的动作示范能提升学生的学习兴趣和积极主动性，催生学生迫不及待跃跃欲试的模仿心理，激发学生的积极性。

实验导入，也是常见的直观导入方式，在素质教育的大背景下，体育教学不仅传授知识、技术、技能，也更注重学生独立获取知识和分析、解决问题能力的培养。实验导入指教师在教学之前根据具体的教学内容和特点，设计一些具有启发性的小实验，引起学生积极观察思考，通过实验与教师的引导，最终让学生得出结论，从而揭示出教学的主题与重点。实验导入不仅能活跃课堂氛围，还能引发学生的深入思考。

（四）设疑导入

教学过程是一种持续不断的提出问题和解决问题的过程，而解决问题的关键在于思维，思维源于疑问，疑问启发思维。提出疑问的目的主要有两点：激发兴趣、启发思维。疑问好奇的心理使学生潜在的求知欲转化为活跃的动力，思维变得积极主动，从"要我学"转换为"我要学"。设疑导入需要教师根据具体教学内容与学生实际的身心特点差异，精心设计符合学生认知水平、与学生的学习生活兴趣相关的具有启发意义的问题，启发学生思维，以快速进入学习状态。

（五）技能迁移导入

技能迁移是指已经形成的技能对掌握另一种技能的影响作用。在体育学习过程中，各种体育知识与动作技能并非孤立存在的，而是相互联系、相互影响的，各种技能的形成与发展都存在相互迁移的现象。技能迁移导入也可称为旧知识导入，指以旧的知识或技能为基础，寻找新旧知识技能的逻辑联系和联系点，从而导出新的知识内容。通常的方法是通过不断复习旧的动作技能，比较新旧动作的技术差异，从不同的落脚点导入新的动作。技能迁移导入能消除学生对于新知识的陌生感，这样就更容易将新技能纳入其原有的认知结构中，完成新旧知识的有效过渡，以此来提高学习效率。

三、导入技能的合理运用

（一）导入形式丰富，过渡自然

导入技能的类型多样，形式方法也不固定，教师在进行每堂课导入的设计时，不可千篇一律，应该综合分析教学内容特点、学生身心状况和认知水平等，要做到形式新颖、内容别致、引人入胜，不能过于生硬、牵强，应与教学内容自然过渡，服务整体课堂教学。

（二）循序渐进，衔接新旧知识

运用导入技能可以起到承前启后的作用,教师以已学的知识技术为基础,逐渐引入新的知识结构,循序渐进让学生有准备地进入新内容的学习。导入为新技术的学习做铺垫，是新旧知识连接的桥梁。

（三）紧扣教材，明确目的

导入的设计要以具体的教学内容为依据，以教学目标为出发点，与教材紧密结合。要充分体现教学内容与特点，使学生进入新知识的情境。同时教师要用简洁有力的语言向学生说明本堂课的学习内容和目标，使学生端正学习态度，树立正确的学习动机。

（四）合理控制时间，调控课堂氛围

课堂导入的时间要合理控制，导入并不是教学重点，不能喧宾夺主，时间安排不宜过长，一般在 2~5 分钟。因此，要求教师的导入语言简洁明了，时间把控合理。在短短的几分钟时间内，教师要做到成功导入，除改善自己的精神状态，还需观察学生的情绪变化，使用恰当的教学语言引导学生进入状态。

第五节　体育课堂的教学组织技能训练

课堂组织技能指教师为达到一定的教学目标，在课上始终不断地维护课堂纪律、引导学生学习及创建和谐氛围的一种行为。学生的思想、情感及智力的发展离不开教师的教学组织技能。教师要想取得良好的教学效果，就必须循循善诱，集中学生注意力，运用合理的方法将课堂教学组织得井然有序。

体育教学组织技能是指教师依据教学内容与学生具体情况合理地组织学

生学习，科学地安排活动场地和器材，让每一位学生都参与实践活动，使学生的能力得到锻炼和提高，以此达到最佳的教学效果。在课堂教学中，用教学组织技能作为"支点"来决定课堂的方向，保证课堂教学活动的正常进行。教师与学生都是教学组织的主体，教师是主导力量，教师的组织技能须贯穿整个课堂教学活动，教学组织行为有可能是简单的一两个字，也有可能占用课堂的一段时间。

对于体育专业师范生而言，教学组织是其今后工作必备的技能之一，将会纳入他们的体育成绩考核中，因此，教学过程中要让每一位同学都参与实践，使其教学组织能力得到锻炼并能亲自组织其他同学进行体育活动。

一、体育教学组织的内容

体育教学组织的主要内容包括体育课堂常规、队列队形、编班分组、分组教学、组织学生练习与休息、器材场地的安排以及体育干部的培养和使用等。教学组织中的各项工作是相互联系、交错进行的，教师需根据实际情况进行教学组织的统筹安排，追求教学实效。

（一）体育课堂常规

体育课堂常规是教学过程中为组织严密的课堂、建立正常的教学秩序、保证教学工作的正常进行，师生共同遵守的一系列基本要求与措施。

1.教师的课前常规

教师课前应认真备课：备目标、备教材、备教法、备学生、备场地器材、备自己。提前到达教学场地，了解学生的课前情况，对于学生请假等特殊状况做出合理处理，并亲自指导学生布置器材与场地。

2. 教师的课中常规

准时在指定地点集合整队，了解学生出勤情况；宣布课堂教学目标和内容，提出课堂相关要求；检查学生着装是否合格；按照教案实施教学，指导学生做好准备活动；集中学生注意力，调节学生情绪，使其逐步进入教学状态；课堂结束之前对本节课做出小结与讲评；提出课后练习要求和下节课教学内容；组织学生收回并归还器材。

3. 教师的课后常规

课后了解学生意见，总结经验与不足并提出改进措施，同时进行课后小结与评价，对缺勤学生的情况做进一步了解。

（二）教学组织形式

1. 班级教学

班级教学也称班级授课制，是体育教学中最基本的教学组织形式。这里的班级不仅是指传统的自然教学班，而是将同一年级的学生编成若干个班，也叫单式班级编制，还指将两个年级或两个年级以上的学生编成一个班，叫复式班级编制。有时还按照学生的性别、健康水平、体育基础水平和爱好等来划分班级。

班级教学的优点在于学生人数多，一名教师同时管理 40~50 名学生，能实现高效教学；班级教学中教师的主导作用能得到充分的发挥；学生能快速掌握体育知识与技能，快速完成教学计划；同时更利于教师对课堂的管理。缺点在于学生之间缺乏联系，教师难以对学生进行个别辅导，这样既不利于学生探索精神和创新思维的发展，不能保证学生实际操作能力的发挥。

2. 分组教学

分组教学指根据教学需要将班级的学生分成若干个小组进行各个小组的教学指导。教师可根据不同的标准来分组，这种组织形式在保留班级教学长处的同时，又在一定程度上解决了对待个别差异的问题，教师根据不同小组的不同特点实施教学指导。常用的教学分组形式一般有按性别分组、目标分组、兴趣分组、体能分组、技术分组、友伴分组等。

（1）同质分组与异质分组

同质分组指若干个班级突破班级界限集中在一起，按照学生的体能、运动技能水平、兴趣爱好等标准分组，使同一小组学生的兴趣爱好和各方面能力水平大致相同。同质分组能激发学生的竞争心理，增强活动的竞争力，从而提高学生的兴趣，但另一方面，可能会使学生产生优劣感，影响学生的学习欲望。

异质分组指有意识地将不同体能与运动技能水平的学生编在同一小组，缩小组间差异，以便开展竞赛活动，通过扩大组内差异实现组内学生学习的互帮互助。

（2）分组轮换与分组不轮换

分组轮换是学生在被分成若干组的情况下，由教师统一指导，组长进行协助，各组分别学习不同的内容，并且在预定时间内轮换学习。

分组不轮换指学生分成若干组，教师指导各组各自依次完成教学内容。这种形式一般用在各组的教学内容有差异、场地器材又较充足的情况下，如按性别分组，采用分组不轮换，男生组练习"前滚翻交叉转体180°头手倒立"，同时女生组练习"前滚翻起立肩肘倒立"。

（三）队形队列

教师利用队形队列组织学生并迅速调动队伍，集中学生注意力，训练学生正确的姿势，并形成严格遵守组织纪律的习惯。队列队形的组织与变化始终贯穿课堂教学的全过程，教师需注意以下几点。

（1）根据所训练的项目性质和教学内容，合理组织队伍。如游戏类项目一般采用圆形队伍，田径跑一般采用两路纵队，跳远练习队伍排在沙坑两侧，投掷练习应面对面排列。

（2）队形队列的位置方向安排需有利于学生的观察，利于教师的观察、指导、示范与讲解。

（3）队列队形的运用要重视口令的作用，做到正确规范、简洁有力。

（4）队列队形的调动要合理控制时间，为提高教学效率，教师和学生要相互配合、步调一致。

二、体育专业师范生的组织技能培养

（一）准备活动部分

在体育课堂教学中，准备活动是不可缺少的重要环节，它主要是以集体的形式进行。准备活动的内容大都比较简单灵活，学生可以自行带领队列进行跑步、游戏、热身操等活动的训练，但前提是需要经过教师的培训和指导。这样，通过自己组织体育活动，学生能快速掌握活动的基本知识与技能，并熟悉体育课的各种专业术语，在养成良好的教学心态的同时，使自身的组织能力得到提高，为今后组织班级体育活动、成为一名合格的体育教师奠定扎实的基础。

首先，良好的组织能力需要以准确响亮的语言指挥为前提，包括调队、整队，以及口令的下达。其次，作为准备活动的一部分，教师在第一节课上就可进行调队、整队的演示和讲解，以便学生进行课后练习。有了第一节课教师的讲解，接下来的体育课可根据课时数和学生人数安排学生轮流进行队列队形的口令展示，教师尽量提出不同的要求，观察学生队伍调整的合理性与口令下达的准确与否，并给予评价和提出改进意见以提升学生的临场应变能力，培养良好的心理素质。

热身活动可由学生自己完成，活动内容可由教师规定，内容应丰富多变。

在第一节课中教师还需对本班学生进行分组，目的是让每一个小组都轮流参与制订体育课的准备活动方案，并让小组的每一个成员都能参与活动的组织实施，保证每一个学生至少能有一次带领全班进行某个活动的训练。教师要根据活动的组织情况为学生打分，并将其纳入学生的体育总成绩中。教师要注意分组的合理性，使每一位学生都能参与准备活动的亲身实践。教师不仅要自己进行总结评价，还要组织本班学生进行点评，从而达到相互学习、共同进步的目的。体育教师要认真准备，让小组之间共同合作，选择合适的热身项目，并制定出合理灵活的活动方案，保证活动的顺利进行。

（二）基本部分

教师教授新的知识技能前，首先要将学生平均分组，分组方式可以根据学生的体能差异、运动技能水平、兴趣爱好等进行，小组间的人数和水平应尽量对等。

准备活动过后，教师首先应对将要学习的运动技能进行集中的讲解示范，然后按照事先设定好的分组，由本节课的主要负责人带领各自小组进行动作技能的学习与练习，学生需以教师提出的目标和任务为总方向和总指导，对教师教授的动作技能进行讲解示范练习。各小组团结一致，运用合理的方法，紧密配合，同时小组成员也要积极地对教学内容进行探讨，对于有疑惑的地方可以提出问题，共同探讨，以追求准确而完美的动作技能。在各小组学习过程中，学生要将遇到的问题进行及时总结并反馈给教师，同时教师要及时了解学生的活动情况，发现问题并及时给予指导、纠正。小组间可互相点评，指出各组的优点与不足，并进行自我反思，取长补短，不断创新与进步。分组教学中各个小组都是紧密团结的集体，成员们拥有共同的目标，互相促进，并亲自组织教学和指导小组成员的学习，学生的主体作用得到了充分的发挥，激发了学生学习的积极性与主动性。在这一过程中，学生的知识水平不仅得到了提高，其组织能力和语言技能等各个方面也都得到了锻炼。

（三）结束部分

结束部分是体育课不可缺少的环节，可以帮助学生消除一节课下来的疲惫，放松身心，同时对整节课堂做出总结评价，衔接与指导下一节课堂的内容。结束部分不必拘泥于固定形式，只要能达到放松学生身心的效果即可，如游戏、意念放松、按摩等都可运用其中。结束部分也可让学生自行组织放松活动，并对组织情况进行点评。

三、提高体育教学组织的有效性

（一）各种教学组织形式有机结合

班级教学、分组教学以及个别指导三种形式的有机结合有利于教师与学生、学生与学生之间的双向交流与沟通。

分组教学尽量采用组间同质、组内异质的组织方式，其前提是要考虑到教学内容和场地器材等实际情况，有意识地将不同体能、运动技能水平的学生划分到同一小组，达到组内异质、组间同质。同质分组虽然可以使教师针对学生的不同体能和运动技能水平实施统一教学，但它不利于小组间不同体能和运动技能的学生之间的相互理解与包容。

（二）教学内容强度适宜

体育课的教学强度会对学生造成一定的运动负荷，引起学生生理和心理上的反应。教师给学生安排一定的运动负荷，其目的不仅要让学生提升体能素质和掌握运动技能，还要促使学生身心健康发展。因此，教师在教学组织过程中既要关注学生的生理效应，又不能忽视其心理效应。

准备活动过程中要注意强度适宜，不论是跑步、热身操还是游戏，强度过大会导致疲劳，就无法进行基本的活动；而强度过小则达不到准备活动的目的。

因此，基本部分的运动量和运动强度，既要保证完成教学任务，又要达到学生锻炼身体的目的，同时还要培养学生的组织能力，将体育教学的功能发挥到最大限度。

结束部分的活动只需做到放松学生紧张的肌肉和疲惫的身心即可，因此运动强度无须太大，可根据基本部分的内容适当安排此部分的运动强度。

（三）创建良好的客观环境与学习氛围

良好的客观环境是指体育场地、器材与设备科学、合理的布置安排，以及师生在空间上的合理分布，这些安排必须符合学生的身心特点，起到满足学生发展需求的作用。场地、器材、设备等客观环境能为教学的成功提供物质保障。因此，客观环境的创建应充分考虑学生的年龄、心理特点以及学生的发展需求，在一定程度上提高学生的积极性和主动性。同时教师要给予学生充分的学习时间与空间，提高学生成功练习的可能性。

良好的学习氛围能对体育教学效果产生积极的影响。只有师生相互尊重、关心，积极配合，学生之间团结友爱、互帮互助，才能创造和谐融洽的课堂学习氛围。

第六节　体育课堂的动作示范技能训练

作为体育教学中最直观的教学技能之一，动作示范技能是教师必备的教学技能。它指教师根据教材的内容，把自身完成的形体动作范例展示给学生，使学生了解所学动作的表象、顺序、技术要领和方法，动作示范的目的是让学生形成正确的动作概念。

一、动作示范技能的构成要素

动作示范技能包括五个方面：示范目的、示范内容、示范方式、示范时机、示范讲解。

（1）示范目的。示范目的决定了示范方式的选择，它是示范技能运用的出发点。体育教师在课前要充分分析教学目标、重点难点及学生的认知水平，明确示范目的，并以此为依据设计示范技能的展示。

（2）示范内容。体育课需要示范的内容众多，如单个动作、多个组合动作、徒手动作、持器械动作等。每个动作都有其构成要素，具体包括身体姿势、动作轨迹、动作时间、动作速度、动作速率、动作力量、动作节奏。

示范内容要考虑动作要素之间的联系，并进行重点提炼。

（3）示范方式。体育教学中，不同的运动类型有其不同的内容呈现方式。为使全体学生对示范动作了解得更清楚、全面、深刻，教师要根据具体的运动类型，充分考虑示范的组织方式、队形、示范位置、速度等。

（4）示范时机。指教师提出或做出动作示范的时机。不同的时机进行动作示范会产生不同的作用与效果，在课堂教学的各个阶段，如导入阶段的示范、学习阶段的示范、练习阶段的示范等，时机的选择十分重要。一堂课中，学生学习运用技术的时间较短，学习精深的动作技术要领需要一个循序渐进的过程，这时，教师要观察学生掌握技能的情况，及时总结，在恰当的时机做出相应的示范。尽可能在学生情绪高涨、注意力集中时进行重难点内容的示范讲解。

（5）示范讲解。示范是使学生对动作形成直观的概念，而动作示范时人体肌肉的变化与配合却不能被直观感受。讲解的插入使学生视觉与听觉器官同步参与活动，从而将动作与内容相联系，建立清晰的动作表象。教师可以根据实际情况选择先示范后讲解、先讲解后示范、边讲解边示范三种组合方式，使学生更高效地接受和理解教学信息。

二、动作示范技能的分类

（一）教师示范与学生示范

教师示范是体育教学中的主要示范形式，由教师示范，学生观看。学生示范是由教师挑出学生进行动作示范，可以为教师示范做补充，例如教师无法边示范边讲解时，就可以选择某位同学进行示范。有些技术动作需要两人或多人的配合，以展现相对连贯、完整的技术动作，这就是合作示范。合作示范有学生间的合作，也有师生间的合作。

（二）完整示范与分段示范

完整示范一般运用于动作学习的开始阶段和巩固阶段。开始阶段的完整示范能使学生对动作技术建立完整的概念，同时明确此次课堂的学习目标。巩固阶段的完整示范可将各个分解练习的动作联系起来，使学生有目标参照，更有针对性。

分段示范主要是教师为了突出内容的重点难点将动作分解成一个或几个环节，分步慢速地示范，让学生对动作技术了解得更透彻。分段示范通常在难度性运动项目技术的教学中运用较多。分段示范也可以分为分段单一示范和分段连续示范。

（三）对比示范

对比示范可以分为正误对比示范和近似对比示范。

正误对比示范是指依次示范正确和错误的动作，形成对比。在示范过程中，学生往往不易察觉自己的错误动作，示范者的正误对比示范能使学生强化正确的运动条件反射，抑制自己错误的运动条件反射，有利于学生建立正确的技术动作定型。同时，正误对比示范的展示要首先说明展示目的，以免错误动作的示范引起学生的误会和嘲笑，产生相反的教学效果。

近似对比示范指对两个或两个以上比较相近的动作进行示范，以比较两者的异同点。通常运用在区分两个相近的容易互相干扰的动作上，使学生能进行区分，明确所学新动作的关键。同时，近似对比示范能引导学生发现新旧教学内容的共同点，有利于建立正确的动作概念。

（四）动态动作示范与静态动作示范

这是按照动作示范的速度进行的分类。动态动作示范有常速动作示范、慢速动作示范、快速动作示范、混合动作示范与停顿定格示范。教师在不同教学阶段进行示范的过程中会有意识地调整示范动作的速度以达到不同的教学目的，如首次示范新动作要用常速动作示范使学生了解动作的整体面貌；动作教授开始时采取慢速动作示范使学生清楚每一个动作细节；教学到一定阶段后可根据实际情况进行常速、高速或混合动作示范。其中停顿定格示范指在动作示范过程中，示范者突然停止在某一姿势上，以强调动作的重点与难点。这种示范方法也能用在动作正误对比示范中，这样可以纠正学生的错误动作。静态动作示范是指使某一动作在静止状态下进行的示范。

（五）示范面

按照动作示范的空间位置分类就是示范面。它分为正面动作示范、镜面动作示范、侧面动作示范和背面动作示范。正面动作示范一般适用于教师正面朝向学生进行简单结构的动作示范，以展现局部动作或动作上下左右的移动；侧面动作示范指教师侧面朝向学生，以展现动作的前后移动；镜面动作示范指示范者正面朝向学生，但示范的动作方向与动作的本来方向相反，一般用于简单且对称的动作示范。背面动作示范指示范者背面朝向学生，进行动作方向与路线变化较复杂或身体各部较难配合的动作示范。

三、动作示范技能的合理运用

动作示范主要展示动作技能的重要特征，因此，无论示范者是学生还是教师，其示范动作必须规范正确，这有利于学生纠正错误动作、消除学习恐惧心理，激发参与和表现的积极性，提高学习的兴奋度，形成分化抑制。动作示范技能的合理运用能调控和谐的教学气氛，增强学生对教师的信任与尊重。

（一）多种类型示范相结合

1. 完整示范与分段示范相结合

教新动作之初，教师可以采用完整示范，动作要准确、优美，使学生体验建立优美、完整的动作概念；在教学过程中结合教学内容与要求进行动作分解，对复杂的动作进行分段示范，任何一个动作的成型都必须经过泛化、分化与动力定型的过程；在结束教学之前，教师再次对动作进行完整示范，以此可巩固、加强学习效果。

2. 巧妙使用正误对比示范

学前示范一般采用正确示范，且要规范，让学生形成正确的动作表象。当学生的练习出错时，教师要进行纠错，适当进行正误对比示范，特别是当学生出现典型的、普遍的、严重的错误时。对于纪律性差、不认真的学生要尽可能避免学生产生对立情绪，要多进行正确示范，以免误导学生。

3. 合理掌握示范速度

动作示范具有连贯性和快速性。在教学过程中教师进行分段示范时，可采用慢速示范或常速示范，使学生清楚地观察到动作的细节。对于较复杂的动作，学生要清楚掌握动作的幅度、方向与路线变化，教师可采用常速—慢速示范或慢速—常速示范，甚至可以采用较为夸张的示范吸引学生注意。

4. 运用不同的示范面

合适的示范位置能让每一个学生都观察到教师的动作示范。不同的动作有不同方向的示范，教师要根据示范动作的需要恰当地选择示范面，如指导额状面内运动的动作时，为使学生观察到上下肢体的动作，一般运用正面示范；指导体侧动作时，为展现较大的左右移动变化，一般运用背面示范；指导体前动作时，为展示前后路线的变化，一般运用侧面示范；甚至有些动作需要教师与学生形成某个角度或斜面，要将背面、侧面结合起来运用。不同方向的示范主要是为了突出动作重点从而使学生了解动作结构。教师在选择示范位置时，需考虑示范目的、动作特点、学生的队形结构等因素。

（二）示范与讲解合理搭配

学习中，多种感觉器官的参与能使学习效率明显提高，而视觉与听觉感官的结合效果会比单一感觉感官的效果好。示范与讲解相结合，讲解的主要目的是提示动作要点，使学生建立正确的技术概念，加深对动作的记忆和理解。教师根据教学对象、教学内容和教学进度合理地将示范与讲解相结合，讲解后的动作示范使讲解更加具体形象，学生印象更深刻；讲解的同时进行动作示范将感性经验与抽象思维相结合，这样更能保持学生的注意力；讲解前的动作示范先以感性经验为基础，后做抽象概括，引起学生的注意并激发其学习积极性。

（三）把握示范的时机与次数

随意示范往往会破坏动作原有的美感，不利于培养学生良好的学习习惯和思维能力。在课堂实际教学中，要把握示范的时机，找到切入点进行适时的示范。如正式教学前先让学生欣赏示范动作；学到动作技术的关键与难点时进行重点示范；学生的意见出现分歧时适时进行动作的正误示范；学生的训练遇到瓶颈时教师要及时进行示范与讲解，引导学生探究学习；学生产生胆怯心理时，教师要敢于示范，解除学生的思想负担。示范时机是有规律可循的，教师自身的经验差异体现了示范的灵活性，选择恰当的示范时机也是对教师教学艺术的考验。

此外，示范的次数也要合理掌控，次数过多，会使学生的练习时间相应减少，削弱学生的主体地位；示范次数太少，容易忽视学生的问题，失去与学生有效互动的时机。一般情况下，教师在教授新动作时，示范次数在2~3次为宜，然后根据实际情况与合适的时机做1~2次的补充示范。

第七节　体育课堂的讲解技能训练

体育教学中的讲解技能是指教师通过语言，向学生传达教学任务和动作技术要领，对动作技术进行描述、分析、解释和概括。讲解技能的运用能使学生快速掌握系统的运动技术知识，发挥教师的主导作用。

讲解技能是一种特定的、较高层次的语言表达技能，是向学生传授动作知识与技能的主要方法之一。教师根据教学实际，有目的地运用语言，使学生明确学习目标和任务，了解知识的基本概念与学习要领。讲解技能通常与其他教学方法和技能相结合，不仅用于新内容的传授，还用于旧知识的复习与巩固，通过讲解，学生对知识和动作的感性认识上升到理性的认识，对启发学生思维、提高学习效果较为重要。

一、体育讲解技能的构成

（一）严谨的框架

教师的讲解需要严谨的知识框架做支撑，要依据学生的认知规律将知识结构清晰、有序地展现出来，做到条理分明、层次清晰、重点突出，使学生了解知识的整体框架与内在联系，掌握知识的内涵，厘清学习思路。讲解的结构包括讲解内容的选择与内容层次的设计、讲解顺序的选择与讲解重点的确定。

（二）规范的语言

语言表达是讲解技能的基础，语言规范要求语言准确、语句连贯、节奏适宜。语言准确具体表现在发音正确、句子完整、用词恰当、专业术语准确等。语句连贯要求讲解的句子在意义上连贯紧凑，意思表述清晰，语义没有分散、跳跃。节奏适宜包括语音语调的高低、语速的快慢合理恰当，讲解时间的分配合理，内容的布局恰当。

（三）典型的例证

在课堂讲解的过程中，教师经常通过实验数据、比赛实例、生活事例等例证对学生的思想品德教育和体育规律、原理、常识进行阐述，以此来启发学生的思维。例证的运用在教学讲解过程中起着不可忽视的作用。使用例证需注意要具有典型性、针对性、形象直观性和正面性。

（四）科学的连接

连接是将所讲解的知识、动作技能和问题前后紧密联系起来，做到有效过渡与衔接，使整堂课的知识系统完整连贯。包括知识的概念、意义、锻炼原则、注意事项、运动实践和评价等内容的有机连接，教师要做到前后呼应、联系紧密、衔接自然。

（五）适当的强调

在教学过程中，教师经常通过对教学重难点的强调，引起学生的重点关注，一般包括技术环节、动作重点、动作难点、完成动作标准、易犯错误、注意事项和教学要求等。教师要根据教学目标和内容，考虑实际情况，在讲解过程中分清轻重缓急和难易主次，恰当地运用强调方法。

（六）及时的反馈

在教学过程中教师和学生进行互动反馈才能获得好的教学效果。教师在传授知识的过程中信息的传播不仅指向学生，学生的反馈信息还会返回传送给教师。教师要善于观察学生的神情态度，了解学生掌握知识的情况，根据学生的反馈信息，对自己的教学行为和教学方法及时做出调整，并保证反馈信息传输的通畅，从而确保信息传输的效率，提高讲解的效果。

二、体育讲解技能的类型

（一）叙述性讲解

叙述性讲解是指用直述的方式描述教学内容，包括描述人、事物和动作技术，传达教学任务、教学内容、教学目标以及与教学内容相关的背景知识，具有使学生建立运动表象、锻炼形象思维能力的作用。叙述性讲解一般用于课堂开始、新授课和变换练习阶段，也用于课堂结束前对学生在本节课堂的表现进行评价描述。

叙述性的讲解可以是对典型事例和情节的描述，从而对学生进行爱国主义、集体主义教育，来提高学生对体育和体育课的认识，增强锻炼身体的意识，要注意用饱含深情的语言进行描述；叙述性的讲解一般还用在对动作技术的叙述，并适当结合动作示范，对动作的准备姿势、动作过程、用力顺序和结束姿势进行具体描述，同时要讲明动作技术的结构、方法与要求。讲解需节奏舒缓、层次分明、简洁有力，便于学生理解和记忆，并配合适当的表情与手势达到更好的讲解效果。

（二）解释性讲解

解释性讲解主要起解释说明、补充强调的作用，包括对教学任务、目的、内容、练习方法、常规要求、注意事项、比赛规则以及知识概念、名词、典故、文言词句等内容的讲解。解释性讲解不能照搬叙述性讲述的方式，重点需放在所讲的内容与方法上，解释的内容是根据科学可靠的信息资料形成的，具有科学性，在学生已有的知识和经验的基础上，运用解释性讲解，使学生通过记忆和直接观察抓住事物的本质特点，从而对知识、动作技术的概念与方法有更透彻的理解。

解释性讲解一般用于字词、术语、概念、体育项目、活动方法、练习方法的说明，还有练习内容作用、目的、功能性说明，以及简单事实性知识说明解释和动作技术考核的说明等。

（三）概念性讲解

概念性讲解包括对知识与动作技术的分析、归纳、综合与概括。学生在对教学内容形成感性认识后，通过教师的分析概括等，转化成理性认识并形成概念。概念是学生学习的基础和前提，要想完全掌握体育知识和动作技术，就必须了解它们的概念。

体育中的概念包括基本知识概念和动作技术概念。基本知识概念包括速率、节奏、额状面、对抗肌、整理活动、乳酸功能、肺活量等。动作技术概念包括背越式跳高、加速跑、变向、前蹬、扣球等。

对基本知识概念的讲解，教师可以结合示范使学生形成直观感受及正确的概念，或让学生亲身感受，并通过语言唤起学生对运动经验的记忆，建立概念。运动技术概念比较特别，学生对运动技术概念的理解往往只知其一，不知其二，无法建立运动技术概念之间的联系，甚至不知某一动作技术的特征。此时教师要注意对某些具有联系的运动技术概念进行对比讲解，使学生对各个运动技术的普遍性和特殊性加以掌握和区分，真正理解某一动作技术的概念和实质。

（四）演绎推理性讲解

演绎推理性讲解是通过解释或预测推理而得出结论的讲解。它必须以某一概念或定义为前提基础，以事实或观察的资料为依据。在体育教学中，教师的演绎推理讲解更有说服力，更易被学生接受，同时，这还可以培养学生的逻辑思维能力。

演绎推理性讲解的运用需要有一定的前提，首先，学生要对推理起点的定义和抽象概念有熟练的掌握。其次，对于观察到或记忆中的事实，学生要有将其与抽象概念联系起来的能力，如此才能加深学生对动作技术概念的理解。

（五）对比性讲解

对比性讲解是指体育教学内容与过程中的正误、优劣、差异及教师将动作技术相应的两个方面或几个方面进行对比，形成反差，使学生对知识形成形象具体、易于理解的深刻印象。体育教学中，对比性讲解通常运用于数量、质量、远度、高度以及姿势等讲解中。

1. 正误对比讲解

学生在对动作技能掌握的过程中，教师为纠正与巩固学生的动作技术，选出动作技能掌握较好的学生和存在典型错误的学生，进行正误动作示范，教师在示范之前要向学生提出思考问题并要求仔细观察，动作示范之后，师生共同讨论，同时教师进行动作的正误对比讲解，对正误动作的原因进行分析，以便改进和提高。

2. 特点对比讲解

特点对比讲解指对不同知识与动作技术特点进行分析、综合，再通过对比讲解，指出事物的不同之处，使学生的练习更具准确性，并能熟练掌握不同的运动技能。

3. 优劣对比讲解

优劣对比讲解可以用于比较先进技术与过时技术及技术的强势与弱势。通过优劣对比讲解，突出优良技术，激发学生的积极性。

4.差异对比讲解

将体育课堂中的各方面差异进行对比，包括学生的体能、技术水平、纪律状况、着装、胜负等，使学生客观地评价自己，找出差距，明确方向，并制订计划，提升自己。

三、体育讲解技能的运用

（一）把握合适的讲解时机

体育教学中，学生练习时间较多，教师要合理把握讲解时机，在必要时插入讲解。当学生进行练习、队伍调整或背对教师时，不宜进行讲解。

（二）课前准备充分，全面了解学生

良好的课前准备是提高讲解效果的基础，教师在课前熟练掌握教材内容，明确教学目标和教学具体任务，并提炼教学重点难点和关键术语，设计讲解的结构层次与顺序，选择合适的讲解形式。

同时，教师课前需对学生的年龄、心理、知识基础、技术水平、班风班纪等实际情况有充分了解，将设计讲解结构与方法进行有机结合，以达到最佳的讲解效果。

（三）条理清晰，层次分明

讲解的设计必须结构严谨、条理清晰，在课堂教学的不同阶段，对不同的教学内容及教学目的采用不同的讲解方式，讲解不仅要层次分明，还要循

序渐进，使前后内容相互渗透，突出教学重点。

（四）适时调整，与其他教学技能有机结合

教学活动是教师与学生互动的过程，具有灵活性，有时会遇到突发事件，教师在讲解的过程中，应观察学生的实际反应，及时获得学生的信息反馈以快速调整讲解的内容、方式、速度等。讲解技能不是教学的唯一手段，教师可以依据实际教学内容选择其他合适的教学手段，如动作示范技能、演示技能、提问技能、身体语言技能等，使这些技能相互融合、相互弥补，不断变化，提高讲解的形象性、直观性与生动性。

参考文献

[1] 张楚丽.5E 教学方法在体育教育专业课程中的实验研究 [D]. 广州：广州体育学院,2023.

[2] 何成灏."力量类"体育游戏在小学体育教学中的应用效果研究 [D]. 南京：南京体育学院,2023.

[3] 武雪松."五点教学法"在高校羽毛球选修课教学中的实验研究 [D]. 北京：中央民族大学,2023.

[4] 穆拙夫.TGFU 教学法在高校公共体育排球教学中的应用研究 [D]. 长春：长春师范大学,2023.

[5] 魏晓晗.莫斯顿互惠式教学法在高中健美操教学中的实验研究 [D]. 淮北：淮北师范大学,2023.

[6] 翟士豪.问题导向法（PBL）在高中排球教学中应用的实验研究 [D]. 长春：吉林大学,2023.

[7] 裴梦冉.花样跳绳技能学习层次与练习方法的研究 [D]. 哈尔滨：哈尔滨师范大学,2022.

[8] 方雪梨.互惠式教学法在初中体育课中的应用研究 [D]. 上海：上海

体育学院,2022.

[9] 贾晓婷.新疆初中室内体育田径技能课教学内容的选择和方法的研究 [D].新疆:新疆师范大学,2018.

[10] 邓桥利.开放式运动技能学习原理对体育学院羽毛球专项班技术教学效果的研究 [D].扬州:扬州大学,2014.

[11] 马瑞亭.体育师范生教学技能微格训练方法的实验研究 [D].成都:四川师范大学,2011.

[12] 曾鸣."领会教学法"在普通高校篮球选项课中的实验研究 [D].武汉:武汉体育学院,2009.

[13] 王俊.微格教学在高校跨栏普修课技能教学中的应用研究 [D].西宁:青海师范大学,2019.

[14] 何贝娜.论警察体育教学教法的应用 [J].湖北体育科技,2019,38(3):258-260.

[15] 商秋华.体育运动技能类课程小班化教学研究的国内外进展 [J].体育世界(学术版),2019(1):130+113.

[16] 邓学俊.扩招后技工学校体育教学存在的问题和改革 [J].青少年体育,2018(11):84-85.

[17] 张亚平,王晓珑,何健,等.自我控制反馈教学法在高职体育课堂中的运用研究:以乒乓球为例 [J].浙江体育科学,2018,40(6):71-74+93.

[18] 崔宏超 . 高职体育教学改革与培养技能型人才融合路径解析 [J]. 智库时代 ,2018(38):214+217.

[19] 杨华灵 . 高校体育教师教学技能的测评标准与评价方法 [J]. 吉首大学学报 (自然科学版),2018,39(4):87-90.

[20] 李哲 , 亓圣华 , 韩淑瑶 . 终身体育视域下新时代普通高校足球教学提升策略探究 [J]. 山东师范大学学报 (自然科学版),2023,38(1):91-96.

[21] 陆煜 . 核心素养视角下提升学校体育教学的有效方法探究 [J]. 当代体育科技 ,2019,9(30):105-106.

[22] 侯宽 . 轮滑选项课教学中的安全管理问题探究 [J]. 管理观察 ,2017(34):155-156.

[23] 陈利艳 . 高职体育教育专业高素质实用技能型人才培养中教学方法的创新应用 [J]. 大学 ,2021(39):101-103.

[24] 朱宇波 . 高校体育俱乐部课程教学模式研究 [J]. 当代体育科技 ,2021,11(18):93-95.

[25] 刘少华 . 基于创新教育理念下体育教学方法的实践研究 [J]. 文体用品与科技 ,2018(8):120-121.

[26] 任雅琴 , 陆作生 . 体育教学技能构成要素的质性研究 [J]. 体育与科学 ,2021,42(1):114-120.

[27] 丁政 , 王立丽 . 新冠肺炎疫情期间体育网课教学初探 [J]. 职业 ,

2020(24):99-100.

[28] 张柏铭 . 微课在体育中的实践研究：以 24 式简化太极拳为例 [J].

文体用品与科技 ,2020(16):187-188.

[29] 孔庆英 . 关于体育教学方法选择的探讨 [J]. 体育世界 (学术版),2019,

(10):127+126.

[30] 易礼舟 , 戴彬 . 大学生体育与健康 [M]. 重庆 : 重庆大学出版社 :2018.